ミニマムで学ぶ
韓国語の
ことわざ

鄭　芝淑　著

クレス出版

ミニマムで学ぶ〈ことわざ〉

　異文化（外国の文化）に関心を持ち、深く知りたいと思ったとき、私たちはまずその言語を学ぼうとします。具体的には、基礎的な文法と基本的なボキャブラリー（語彙）を身につける必要があるでしょう。そして、文章を読んだり、作文をしたり、簡単な会話に取り組んでいくことになります。しかし、それで十分かというと、その先にことわざの世界がひろがっています。

　ことわざはよく比喩を用います。たとえば、ヨーロッパの多くの言語に、直訳すると「静かな水は深く流れる」となる表現（ふつうは「静かな淵は深い」と訳される）がありますが、これは水音の低い淵が深いことを表すだけでなく、比喩的に無口な人について、表面からは窺いしれないものがあることを示しています。こうした表現は、予備知識なしに初めて聞いたのでは、とうてい理解できないものでしょう。比喩には、国際的に通用するものもありますが、母語（生まれたときから自然に身につけた言語）からの類推だけでは理解できず、とんでもない誤解をしかねないものもあるのです。

　しかも、ことわざには価値判断の基準や行動の指針となるものがあり、しばしば結論に直結しています。だから、文意をほぼ理解できたつもりでも、ことわざがわからないために結論が把握できないことが出てきます。ことわざには、人の行動を左右する力があるので、単なる文章の一部というより、肝心な核心部分となることが少なからずあるといってよいでしょう。〈ことわざ〉がカルチュラル・リテラシー（異文化の読解力）の重要なキイとされるのも当然です。

　では、異文化理解のためにどれくらいことわざを知る必要があるのでしょうか。ペルミャコーフ（ロシアのことわざ研究者）は、母語話者（ネイティブ）が常識的に知っていて、よく使うことわざをミニマムと名づけ、およそ 400 を知っておくことが望ましいとしてい

－iii－

ました。

　しかし、ネイティブであっても、最初から 400 ものことわざを知っているわけではありません。幼少期から日常生活のなかで、いろいろな体験とともに少しずつに耳にすることによって、しだいにことわざを身につけていくことはいうまでもないでしょう。そのプロセスは、生活のなかでことわざを自然におぼえるだけでなく、同時に無意識のうちにことわざに対する感覚を身につけ、磨いていくものです。大人が口にすることわざが直ちに理解できなくても、使用場面と音声が脳内に蓄積されることによって、しだいに感覚的理解力が形成されるといってよいでしょう。

　〈ミニマムで学ぶ〉シリーズは、このプロセスを参考に、〈ミニマム〉を異文化理解の出発点として最小限必要なことわざと再解釈し、ことわざを論理的に理解するだけではなく、感覚的にも自分のものにするためのツールを目指しています。そのために、各言語のことわざ研究者が 100 のことわざを精選し、意味・用法を詳しく解説し、レトリックや参考となる文化的背景にもふれるようにしました。また、各言語のネイティブの協力を得て、現代の会話を中心に用例を示しています。

　このように最低限必要な 100 のことわざをていねいに学んでいくメソッドは、一見遠回りのようですが、さらに多くのことわざ表現を理解する上で不可欠な感覚を身につけることができ、異文化理解を着実に進めるものとなるでしょう。とりわけ現代の会話例は、ことわざのアクティブな活用に役立つことを確信しています。

　本シリーズが各言語のことわざの世界への扉をひらき、読者にとって異文化理解の礎石となることを願っています。

　2017 年 2 月

　　　　　　　　　　ミニマムで学ぶことわざシリーズ監修　北村　孝一

ミニマムで学ぶ＜韓国語のことわざ＞

　韓流ブームのおかげで韓国語を習う方が増え、韓国のドラマをご覧になる方も多いかと思います。私が日本に留学してきた 2001 年当時、日本のテレビで韓国のドラマを見ることはほとんどなかったのですが、今では毎日どこかのテレビ局で放送されています。本当に隔世の感があります。その韓国ドラマの中でことわざがよく使われていることにお気づきでしょうか。一回の放送で 1 つか 2 つのことわざが使われるのはごく普通です。多いときには 10 回近くもことわざが聞かれることもあります。

　ドラマの台詞は日常の対話のかなり正確な写しですから、韓国の日常の話の中でもことわざがよく用いられています。ことわざに対する関心も高く、ことわざ関係の本や辞典もかなり出版されています。子供たちも学校などでことわざに親しむ機会を与えられることが多いようです。一言で言えば、韓国人はことわざが好きです。

　韓国でよく知られよく使われていることわざを 100 個選ぶのは簡単なことではありませんでした。いろいろ調査した結果に私の主観を加えて選びましたが、これ以外にも取り上げたかったことわざはたくさんあります。

　韓国のことわざは「俗談（ソクタム）」と言います。その意味は「庶民が好んで使う表現」といってよいでしょう。ことわざは慣用句の一種ですが、ただの慣用句ではありません。ことわざは庶民の知恵の結晶と言われるように、巧みな譬えや奇抜な発想の簡潔な表現の中に庶民の価値観やものの考え方が込められています。ことわざは古くから言い伝えられてきたものが多いのですが、それは多くの人が共感することで伝えられてきたのでしょう。伝統的なことわざが

現在でもよく使われているということは、世の中はめまぐるしく変わっても人の考え方の基本はあまり変わらないことを示しているのかもしれません。

　私が韓国の大学で日本語を学んだとき、教科書に出ていた日本のことわざに特別の興味を持ったことを覚えています。日本語の世界に一歩踏み込めた感じがしました。一般的な語学の学習から、日本のことわざに出会うことによって、日本の庶民文化の息吹に直接ふれることになり、日本語にさらに興味を持つきっかけになったことは確かです。

　この本が、韓国語や韓国文化の新たな魅力を見出し、親しみを深めるきっかけとなることを願っています。

2017 年 2 月

鄭　　芝淑（チョン・ジスク）

《凡　例》

【意味】ことわざの意味とニュアンス。

【用法】どのような使い方をするか、使われる場面や異形（いけい）など。

【ポイント】ことわざを理解する上で重要なポイント。また、他のことわざにも応用のきくことなど。

【参考】ことわざの由来や文化的背景など。

【用例】現代の会話例を中心とした用例。

ミニマムで学ぶ　韓国語のことわざ　目　次

第1章　昼の話は鳥が聞き、夜の話はねずみが聞く ………………… 1
　　　　コラム—ことわざと俗談 …………………………………… 20

第2章　蛙がオタマジャクシの頃を思い出せない ………………… 21
　　　　コラム—ことわざ・カルタ・コンピュータ ……………… 40

第3章　井戸を掘るなら一つの井戸を掘れ ………………………… 41
　　　　コラム—日韓共通のことわざ ……………………………… 58

第4章　空の車がもっとうるさい …………………………………… 59
　　　　コラム—親ことわざ社会 …………………………………… 76

第5章　小さい唐辛子がもっと辛い ………………………………… 77
　　　　コラム—ことわざと外国語教育 …………………………… 94

第6章　二人で食べていて一人が死んでも分からない …………… 95
　　　　コラム—ことわざの表現 …………………………………… 112

韓国語ことわざ索引 ………………………………………………… 113
日本語訳ことわざ索引 ……………………………………………… 115
参考文献 ……………………………………………………………… 117

第1章

昼の話は鳥が聞き、夜の話はねずみが聞く

〔1〕 낮말은 새가 듣고 밤말은 쥐가 듣는다

ナンマルン　セ　ガ　トゥッコ　パンマルン　チィガ　トゥンヌンダ

昼の話は鳥が聞き、夜の話はねずみが聞く

【意味】 ことばは一度口にすると広がりやすいものだから、口は慎まなければならない。

【用法】 밤말은 쥐가 듣고 낮말은 새가 듣는다のように前半部と後半部の順序を変えて用いることもある。また、낮말은 새가 듣는다か밤말은 쥐가 듣는다のように前半部あるいは後半部だけでも用いる。

【ポイント】 日本語の「壁に耳あり、障子に目あり」に当たることわざであるが、韓国語では動物の鳥とねずみをたとえに用いている。このことわざを踏まえた쥐도 새도 모르게 （ネズミも鳥もわからないように、誰も知らないうちにこっそり）という慣用表現もある。

【用例１】 엄마: 뭐? 선생님에 대해서 친구랑 그런 말을 했다고? 현빈: 친구가 믿을 만한 애니까 괜찮아요. 엄마: 친구를 못 믿어서 그러는 게 아니야. 낮말은 새가 듣는다고 하잖아. 선생님 귀에 들어가면 어떻게 하려고 그래?

（母「何ですって？ 先生のことを友達とそんなふうに話したの？」ヒョンビン「信用できる子だから大丈夫だよ」母「友達が信用できないからじゃないの。昼の話は鳥が聞くっていうじゃない。先生の耳に入ったらどうするのよ」）

【用例２】 가끔은 사람을 헐뜯거나 비난하고 싶을 때도 있지만, 낮말은 새가 듣고 밤말은 쥐가 듣는 법이니까 말은 항상 조심해야 한다. （ときには人をけなしたり非難したくなることもあるけど、昼の話は鳥が聞き、夜の話はねずみが聞くものだから、言葉にはいつも注意しなければならない。）

－2－

第1章　昼の話は鳥が聞き、夜の話はねずみが聞く

〔2〕가는 말이 고와야 오는 말이 곱다

　　カヌン　マリ　コワヤ　オヌン　マリ　コプッタ

往く言葉が美しくてこそ還る言葉が美しい

【意味】相手にかける言葉が美しければ相手から返る言葉も美しい。

【用法】今日では字義通りに言葉の問題として解釈し、もののいい方が悪いのを諌めるときに使われることが多い。しかし、元々は行為一般について、自分が他人によくすれば相手も自分によくしてくれることを比喩的に説いたものと思われる。いまでも、相手がよくしてくれたら自分も応じようという文脈で用いられることが稀にある。

【ポイント】人間関係の核心を衝いたことわざで、はっきりものを言う韓国語のコミュニケーションでは重要な役割をする表現。

【用例1】영훈: 넌 왜 지호한테 그렇게 무뚝뚝하게 말하냐? 현희:넌 몰라서 그래. 지호가 먼저 무턱대고 대드는 거야. 가는 말이 고와야 오는 말이 곱지.

（ヨンフン「お前、なんでチホにそんなにつっけんどんにいうんだ？」ヒョニ「何にも知らないくせに。チホの方からむやみに突っかかってくるのよ。往く言葉が美しくてこそ還る言葉が美しいのさ」）

【用例2】가는 말이 고와야 오는 말이 곱다고 상대방에게 말을 건넬 때는 항상 좋은 말로 해야 합니다.

（往く言葉が美しくてこそ還る言葉が美しいというように、相手に話かけるときはいつも美しい言葉でいわなければいけません。）

－3－

〔3〕가재는 게 편이다
（カジェヌン ケー ピョニダ）

ザリガニはカニの味方

【意味】誰でも自分と関係のある方に味方をするものだ。

【用法】境遇や立場の似た者に味方する人を表したり、自分が味方するのを正当化していう。

【ポイント】もともとは가재는 게 편이고 초록은 동색이다（ザリガニはカニの味方で、草緑は同色だ）で、後半部を省略し前半部だけが残った表現である。後半部の초록（草緑）は、초색（草色）と녹색（緑色）のことで、草色も緑色も同じ色ということになる。前半部が省略された後半部だけいう場合もあり、同じような意味の「유유상종（類類相従）」という四字熟語もある。

【用例1】영우: 과장님은 내가 신입사원이라고 하는 일마다 마음에 안드시나 봐. 이런 내 마음을 누가 알아주나? 수빈: 누가 알긴, 내가알지. 가재는 게 편이라고 같은 신입사원이니 나는 네 맘 안다.

（ヨンウ「課長は僕が新入社員だから何をやっても気に入らないみたいだ。この気持ちを誰が分かってくれるかなあ」スビン「誰が分かるって、私が分かるわよ。ザリガニはカニの味方よ、同じ新入社員だから私はあなたの気持ち分かるわ」）

【用例2】보미: 현주라는 애 말야. 매번 지각한다며? 민희: 걔도 무슨사정이 있을 거야. 보미: 역시 가재는 게 편이네. 너도 자주 지각하잖아.

（ポミ「ヒョンジュって子、よく遅刻するんだって？」ミニ「あの子も何か事情があるんでしょ」ポミ「やっぱり、ザリガニはカニの味方ね。あなたもよく遅刻するものね」）

－4－

第1章　昼の話は鳥が聞き、夜の話はねずみが聞く

〔4〕 때리는 시어머니보다 말리는 시누이가 더 밉다

<ruby>때리는<rt>ッテリヌン</rt></ruby> <ruby>시어머니보다<rt>シオモニボダ</rt></ruby> <ruby>말리는<rt>マルリヌン</rt></ruby> <ruby>시누이가<rt>シヌイガ</rt></ruby> <ruby>더<rt>ト</rt></ruby> <ruby>밉다<rt>ミプッタ</rt></ruby>

叩く姑よりもやめさせる小姑がもっと憎い

【意味】公然と害を及ぼす人よりも、上辺はかばうふりをしながら陰で悪口をいったり、敵対する人の方が憎い。

【用法】陰で人の足を引っ張る者を非難するのに用いる。때리는 사람보다 말리는 놈이 더 밉다 (叩く人よりも止めさせる奴の方がもっと憎い) ともいう。

【参考】婚家での嫁の苦労を背景としたことわざである。核家族化が進み妻の立場が強くなった現代においては、嫁を叩く姑はほとんどいないだろうが、象徴的な意味は今も生きている。

【用例1】명수: 새로 온 과장님 어때? 신혜: 좀 시끄러워서 싫지만 참을 만해. 잔소리도 일이라 생각하니까. 그래도 우리들한테는 잘해 주는 척하면서 고자질하는 박 대리만은 못 봐 주겠어. 명수: 때리는 시어머니보다 말리는 시누이가 더 미운 법이지.

（ミョンス「新しい課長はどう？」シネ「口うるさくて嫌だけど、がまんできないことはないわ。小言も仕事のうちでしょ。でも、私たちにいい顔しながら告げ口しているパク代理だけは許せないわ」ミョンス「殴る姑よりもやめさせる小姑がもっと憎いというわけか」）

【用例2】때리는 시어머니보다 말리는 시누이가 더 밉다고 야당 의원들보다 뒤에서 몰래 방해하는 같은 당 사람이 더 미울 때가 있다.

（殴る姑よりもやめさせる小姑がもっと憎いもので、野党の議員よりも陰で足を引っ張る与党議員のほうがもっと憎いときがある。）

－5－

〔5〕 가지 많은 나무에 바람 잘 날 없다

（カジ　マーヌン　ナム　エ　パラム　チャル　ラル　オプッタ）

枝の多い木に風のやむ日はない

【意味】 子供の多い親は心配事が絶えない。

【用法】 比喩的な意味で、省略や置き換えせずにこのままの形で使うのが普通である。家族以外の集団について使われることもある。

【ポイント】木は親、枝は子供を表す。かつては子沢山の家庭が多かったことからできたことわざだが、極端に少子化の進んだ今日でも、子ゆえの親の心配は絶えない。

【用例１】 아내: 여보, 첫째는 친구랑 싸워서 말썽이고, 둘째는 학교 가기 싫다고 하고, 셋째는 독감으로 걱정이 이만저만이 아니에요. 남편: 가지 많은 나무에 바람 잘 날 없다잖소. 자식이 많으니 그러지. 자식이 많아서 좋은 것도 있잖아. 난 행복한데.

（妻「あなた、一番上の子は友達と喧嘩をして問題を起こすし、二番目は学校に行くのが嫌だというし、三番目はインフルエンザで、心配事ばっかりよ」夫「枝の多い木は風のやむ日はないっていうじゃないか。子供が多いとそういうもんだよ。でも、子供が多くてよいこともあるだろう。私は幸せだよ」）

【用例２】 인기 연예인이 많이 소속되어 있는 P소속사는 인기만큼이나 스캔들과 사건사고가 끊이질 않는다. 가지 많은 나무에 바람 잘 날 없는 것처럼 말이다.

（人気のある芸能人がたくさん所属しているPプロダクションは、人気がある分スキャンダルや事件・事故が絶えない。枝の多い木は風のやむ日はないというように。）

－6－

第1章　昼の話は鳥が聞き、夜の話はねずみが聞く

〔6〕 열 손가락 깨물어 안 아픈 손가락 없다
（ヨル　ソンカラク　ッケムロ　アン　アプン　ソンカラク　オプッタ）

十指のどの指を噛んでも痛くない指はない

【意味】親の目には、子どもはみな同じように可愛いものである。

【用法】열 손가락 중에 어느 손가락 깨물어 아프지 않을까（十本の指の中でどの指が噛んで痛くなかろうか）のように修辞疑問の形を用いることもある。

【ポイント】手の指が子供にたとえられているが、昔はこのたとえが実感できるほど子沢山の家が珍しくなかった。

【用例１】동민: 엄마는 왜 누나만 예뻐해요? 난 누나보다 공부도 못하고 말썽만 부려서 그래요? 엄마: 그런 말이 어딨어! 열 손가락 깨물어 안 아픈 손가락 없다고, 엄마한텐 다 똑같이 예쁜 자식이지.

（トンミン「お母さんはどうして姉さんばかり可愛がるの？　僕は姉さんより勉強もできないし、問題ばかり起してるから？」母「よくもそんなことがいえるね。十指のどの指を噛んでも痛くない指はないの。母さんには、二人とも同じように可愛い子なんだよ」）

【用例２】장남만 편애한다 막내만 예뻐한다 등 자식들은 불평을 하지만 부모 입장에서는 열 손가락 깨물어 안 아픈 손가락 없다는 말처럼 모두 귀엽기만 하다.

（長男ばかり大事にするとか、末っ子ばかり可愛がるとか、子どもたちは不平をいうけれども、親にしてみれば十指のどの指を噛んでも痛くない指はないという言葉のように、どの子もみな可愛いのだ。）

－7－

〔7〕 고슴도치도 제 새끼는 함함하다고 한다
コ ス ム ド チ ド チェ セッキヌン ハム ハム ハダゴ ハンダ

ハリネズミも、わが子は毛が柔らかくてつやつやしているという

【意味】 どんなに出来が悪くても自分の子は可愛いものだ。親馬鹿。

【用法】 子供に甘すぎる親を揶揄、非難する場合にも、また親馬鹿を弁護、弁明する場合にも使われる。함함하다（毛が柔らかくてつやつやしている）の代わりに예쁘다(きれいだ)あるいは귀엽다(可愛い)ということもある。

【ポイント】 他の動物から見ればハリネズミの毛皮は危険なものだが、ハリネズミの親の目には柔らかくきれいだ、と見立てている。血縁関係を重視する韓国では、ハリネズミも驚くほど子供に甘い親が多い。

【用例１】 김 선생님: 이 선생님, 3반에 학생을 때려서 불려 온 민수 부모님 있잖아. 이 선생님: 네, 뭐라 그래요? 김 선생님: 고슴도치도 제 새끼는 귀엽다고 그저 자기 자식만 감싸고 있지 뭐야.

（金先生「李先生、3組で生徒を叩いて呼び出されたミンスの両親なんだけどね」李先生「えっ？ 何ていってるんですか？」金先生「ハリネズミも自分の子は可愛いっていうけど、もっぱら自分の子をかばってばかりいるのさ」）

【用例２】 고슴도치도 제 새끼는 예쁘다고 한다는데 요즘 뉴스를 보면 자기가 낳은 자식을 예뻐하기는커녕 굶기고 폭행하고 학대하는 부모가 있다니 정말 믿을 수 없는 세상이다.

（ハリネズミも自分の子は可愛いっていうのに、この頃ニュースを見ると、自分が産んだ子供をかわいがるどころか食べ物も与えず、暴行し虐待する親がいるなんて本当に信じられない世の中だ。）

－8－

第1章　昼の話は鳥が聞き、夜の話はねずみが聞く

〔8〕 윗물이 맑아야 아랫물이 맑다
ウィンムリ マルガヤ アレンムリ マクッタ

上の水が清くてこそ下の水が澄む

【意味】上に立つ者の行いが正しくなければ、下の者の行いも正しく
ならない。

【用法】規律の乱れや不正・腐敗があるなど、否定的な状況を批判し
て用いることが多い。

【ポイント】水は上から下へと流れるもの。川の上流が濁れば下流も
濁るのは当然であろう。人間社会も同じこと、上に立つ者が不正
を働けば世の中は乱れる。高位高官の不正が明らかになるたびに、
よく引き合いに出されることわざである。

【用例１】김 선생님: 최 선생님, 3반 학생들이 인사를 너무 잘 하지
않아요? 최 선생님: 그러게요, 매번 느끼는 거지만 공손하게 인사
를 참 잘하는 것 같아요. 김 선생님: 3반 선생님부터가 인사를 잘하
니, 윗물이 맑아야 아랫물이 맑다는 말이 괜한 말이 아니네요.

（金先生「崔先生、3組の生徒は挨拶をきちんとするでしょう」崔先生「そ
うですよ。いつも思うけど、丁寧に挨拶できるようですね」金先生「3
組の先生からして挨拶がきちんとしているから、やはり上の水が清くて
こそ下の水が澄むっていうのは嘘じゃないですね」）

【用例２】윗물이 맑아야 아랫물이 맑다고 정치인들이 그렇게 부정
부패를 일삼으니 그것을 보는 국민들도 따라하기 마련이다.

（上の水が清くてこそ下の水が澄むというように、政治家たちがあんな
に不正・腐敗ばかりやっているのを見れば、国民もそれをまねするに決
まっている。）

－9－

〔9〕 형만한 아우 없다
<ruby>형<rt>ヒョンマナン</rt></ruby>

兄ほどの弟はない

【意味】①何事においても兄は弟より優れている。弟は兄に及ばない
ものだ。②いくら兄思いの弟であっても兄が弟を思う情には及ば
ない。

【用法】①の意味で使う場合が多い。형 미칠 아우 없고, 아비 미칠 아
들 없다（兄に及ぶ弟なく、父に及ぶ子なし）ともいう。

【参考】長男を重視する家族制度を背景とすることわざである。元々
は男の兄弟だけについて使われたが、今では姉妹についても使わ
れる。아우は古風な呼称で、弟の意味で用いることが多いが、妹
を指すこともある。現代語では동생（トンセン）という。「兄」は
弟からは형（ヒョン）、妹からは오빠（オッパ）というが、このこ
とわざのいい替えで동생や오빠を用いることはない。

【用例１】엄마1: 이번에도 둘째 아들이 시험을 잘 못 봐서 속이 많이
상해요. 첫째는 안 시켜도 척척 알아서 잘하고 그랬는데……엄마
2: 그러게요. 옛말에 형만한 아우 없다잖아요.

（母親１「今度も次男が試験ができなくて嫌になっちゃうわ。長男は何
もいわなくても自分でよくできたのに」母親２「まったくね。昔の言葉
に兄ほどの弟はないっていうじゃないですか」）

【用例２】올해 결혼기념일에 첫째 민희한테 축하편지를 받았다. 형
만한 아우 없다고 둘째 민서는 까맣게 잊고 있던 걸 민희는 기억하
고 있었던 것이다.

（今年の結婚記念日には長女のミニが奇特なことにお祝いの手紙をくれ
た。兄ほどの弟はないというけど、次女のミンソがすっかり忘れてい
たことをミニはきちんとやってくれた。）

－ 10 －

第1章　昼の話は鳥が聞き、夜の話はねずみが聞く

〔10〕 팔이 안으로 굽는다
ㅤ　バ　リ　ア　ヌ　ロ　クムヌンダ

腕は内側に曲がる

【意味】身近な者に味方したくなるのは当たり前であるというたとえ。

【用法】人は少しでも自分と関係のある人に情が移り、おのずと味方するものだというときに使う。そのような行動を非難するために使うこともあるが、容認あるいは弁護するために使うことの方が多い。

【ポイント】韓国では、血縁、地縁関係のある人にともかく味方する人が多く、日常的よく使われることわざである。

【用例1】팔이 안으로 굽는다더니, 그 아이의 부모는 아이의 잘못을 인정하기는커녕 아이를 감싸기에 바빴다.

（腕は内側に曲がるというが、その子の親は子供の過ちを認めるどころか子供をかばうのに必死だった。）

【用例2】희진: 이번 일은 디자인팀의 민수 씨가 잘못한 게 명백하지 않아? 수진: 그거야 그럴테지만, 그렇게 생각 안 하는 사람도 있어. 디자인팀 팀장님은 민수 씨 편을 들더라. 희진: 팔은 안으로 굽는 법이라고 자기 팀이니까 감싸는 거겠지.

（ヒジン「今度の事は、デザインチームのミンスさんのミスなのははっきりしているんじゃない？」スジン「それはそうだろうけど、違う見方をする人もいる。デザインチームのチーフはミンスさんの肩を持ってたよ」ヒジン「腕は内側に曲がるっていうように自分のチームだからかばうんでしょう」）

－11－

〔11〕 부부싸움은 칼로 물 베기
ブブッサウムン カルロ ムル ベ ギ

夫婦喧嘩は刀で水を切るようなもの

【意味】 夫婦間の喧嘩はすぐ仲直りをするものだ。夫婦喧嘩は犬も食わない。

【用法】 夫婦喧嘩は当事者以外の者が心配する必要はない、という文脈で用いられる。別形として내외간 싸움은 개싸움 (夫婦間の喧嘩は犬の喧嘩)、부부싸움은 사랑싸움 (夫婦喧嘩は愛の喧嘩) のようないい方もある。

【ポイント】 包丁で水を切ってもすぐ元に戻るように、夫婦喧嘩もすぐ元の仲に戻るというたとえである。

【用例1】 은수: 옆집 김씨 부부 어제 또 싸웠다며? 소라: 그러게나 말야. 근데 뭐 하루이틀이야. 부부싸움은 칼로 물 베기라고 언제 그랬냐는 듯 금방 화해하겠지.

(ウンス「隣の金さん夫婦、昨日また喧嘩したんだって?」ソラ「そうなのよ。でも、いつものことだわ。夫婦喧嘩は包丁で水を切るようなもので、喧嘩なんかまったくしてないような顔で、すぐ仲直りしてるじゃないの」)

【用例2】 부모님은 오늘 아침에도 언성을 높여 싸우시더니, 저녁에는 아무 일 없다는 듯이 사이가 좋으셨다. 부부싸움은 칼로 물 베기라더니…….

(両親は今朝も大声で喧嘩をしてたのに、夕方には何もなかったのように仲がよかった。夫婦喧嘩は包丁で水を切るっていうけど…….)

第1章　昼の話は鳥が聞き、夜の話はねずみが聞く

〔12〕 고래 싸움에 새우 등 터진다

鯨の喧嘩で小エビの殻が裂ける

【意味】 強い者同士の争いで弱い者が巻き添えを食う。

【用法】 새우 등 터지는（小エビの殻が裂ける）/ 〜터진（〜裂けた）のように連体修飾形で用いられることが多い。

【ポイント】 ここで、「鯨」は強い者、「小エビ」は弱い者のたとえである。強い者同士の喧嘩や争いでは、いつも何の落ち度もない弱者が被害をこうむる。なお、逆に새우 싸움에 고래 등 터진다（小エビの喧嘩で鯨の背中が裂ける）というと、弱い者同士の争いで強い者が被害に遭うという意味になる。

【用例1】 수지: 어제 선배들이 싸우길래 말리려다가 괜한 잔소리만 들었지 뭐야. 병진: 그랬구나, 꼭 고래 싸움에 새우 등 터진 기분이었겠다.

（スジ「昨日先輩たちが喧嘩をしてたので止めようとしたら、逆に文句をいわれちゃった」ピョンジン「そうだったんだ。まるで鯨の喧嘩に小エビの殻が裂けた気分だったろうね」）

【用例2】 저가항공사의 과도한 경쟁으로 인해 대형항공사가 영업부진에 시달리고 있다고 한다. 마치 새우 싸움에 고래 등 터진 격이되었다.

（格安航空会社の過当競争のあおりを食って、大手の航空会社が営業不振にあえいでいるそうだ。さながら、小エビの喧嘩で鯨の背中が裂けた格好だ。）

－ 13 －

〔13〕 미꾸라지 한 마리가 강물을 다 흐린다
ミックラジ ハン マ リガ カンムルルル タ フリンダ

ドジョウ一匹が川の水をみな濁す

【意味】 一人でも悪い人間がいると、家でも社会でも全体に悪影響を
及ぼすことになる。

【用法】 集団の規律を乱す厄介者を指して使う。韓国のことわざの中
で最も多様な形式で使われることわざである。미꾸라지の代わり
に실뱀（キセスジヘビ）、송사리（メダカ）を用いることもある。ま
た강물を바닷물（海の水）や개울물（小川の水）、우물물（井戸の水）、
웅덩이물（よどみの水）などに置き換えることもある。四字熟語で、
일어탁수（一魚濁水）ともいう。

【参考】 ドジョウは川底にたまった泥の中に棲む。動き回るたびに水
底の泥を掘り返して水を濁らせることから出た言葉である。

【用例1】 송 선생님: 5반의 동현이라는 아이가 그렇게 친구들을 때
리고 다닌다면서요? 박 선생님: 저도 들었어요. 5반은 동현이 때
문에 매번 싸움이 일어난다더라고요. 미꾸라지 한 마리가 바닷물을
다 흐리는 거죠 뭐.
（宋先生「5組のトンヒョンって子が友達を誰でも叩くんですってね」
朴先生「私も聞きました。5組はトンヒョンのせいでいつもケンカばか
りだそうですよ。ドジョウ一匹が海の水を全部濁すっていうことです
よ」）

【用例2】 우리 동네에 그 불량배가 이사온 후로 동네 분위기가 많이
달라졌다. 미꾸라지 한 마리가 웅덩이물을 다 흐리는 격이 되었다.
（あのならず者がうちの町に引っ越してきてから、町の雰囲気がずいぶ
ん変わった。ドジョウ一匹がよどみの水を濁したという格好だ。）

－14－

第1章　昼の話は鳥が聞き、夜の話はねずみが聞く

〔14〕 믿는 도끼에 발등 찍힌다

信じる斧に足の甲を切られる

【意味】①信じていた人からひどい目にあわされる。飼い犬に手を噛まれる。②大丈夫だと思っていたことが不首尾に終わる。

【用法】信じていた人に裏切られたときに、あるいは人をあまり信じない方がいいと戒めるときに使う。いろいろな形が使われている。믿는を아는（知っている）に替えたり、믿던/믿었던（信じていた）のように時制を替えたり、도끼を돌(石)に置き換えたりする。また、믿는 나무에 곰이 핀다(信ずる木にカビが生える)という表現もある。

【ポイント】「信じる斧」とは信頼している人のたとえ。普段使い慣れた斧で足を怪我するなどとは思いもしないが、ときには手元が狂うこともある。

【用例１】 철민: 군대에 간 사이에 친한 친구에게 여자친구를 뺏겼어.
재희: 어머, 너무한다. 믿는 도끼에 발등 찍힌 격이네.
（チョルミン「軍隊に行っている間に親友に彼女を取られちゃったよ」
チェヒ「まあ、ひどい。信じる斧に足の甲を切られたってわけね」）

【用例２】 올해도 쉽게 우승할 수 있을 거라고 자신만만해 했었는데 믿는 도끼에 발등 찍힌 기분이 딱 이런 기분이다.
（今年も簡単に優勝できると自信満々だったのだが、まったく、信じていた斧に足を切られた思いだ。）

－15－

〔15〕 웃는 얼굴에 침 뱉으라

笑う顔に唾を吐くか

【意味】愛想のいい人に邪険なことはいえない。

【用法】疑問文の形で使い、反語的な意味で「笑う顔に唾は吐けない」と解釈するのが普通であるが、침 못 뱉는다（唾は吐けない）のように断定的にいうこともある。얼굴（顔）を同じ意味の낯に置き換えることもある。

【ポイント】ただ愛想よく笑っていればよいというものではないが、失敗をしても素直に謝り、笑顔を忘れなければ、おのずから対応も違ってくる。

【用例1】선생님: 리포트 왜 안 냈니? 학생: 선생님, 잘못했습니다. 어제는 깜빡 잠들어서 못했습니다. 한번만 봐 주세요. 선생님: 참, 웃는 얼굴에 침 뱉을 수도 없고 다음부터는 잘 해 오렴.

（先生「レポートをどうして出さなかったの？」学生「先生、ごめんなさい。昨日はうっかり寝てしまってできませんでした。お許しください」先生「まあ、笑う顔に唾を吐くこともできなし、これからはちゃんとやってきてね」）

【用例2】부장은 신입사원이 웃으며 다시 해 오겠다는 말에 웃는 얼굴에 침 뱉으라는 심정으로 다시 한번 기회를 주었다.

（部長は、新入社員がほほ笑みながらもう一度やってみますという言葉を聞いて、笑う顔に唾は吐けないと思い、もう一度チャンスを与えた。）

第1章　昼の話は鳥が聞き、夜の話はねずみが聞く

〔16〕　바늘 가는 데 실 간다

針の行くところ糸が行く

【意味】互いに密接で不可分の関係にあることのたとえ。

【用法】人、物、事柄のいずれにも用いることができる。前半部をバ늘 간 데（針の行ったところ）としたり、後半部を실도 간다（糸も行く）とすることもある。また、바늘（針）と실（糸）の位置を入れ替えて실 가는 데 바늘 간다とすることもあるが、これは滑稽味を狙って作られたもののようだ。

【参考】このことわざには次のような類例がある。범 가는 데 바람 간다（虎の行くところ風が行く）、용 가는 데 구름 간다（竜が行くところ雲が行く）、봉 가는 데 황이 간다（鳳が行くところ凰が行く）、구름 갈 제 비가 간다（雲が行くところ雨が行く）など。発想は同じだが、どれが原形であるかは定かでない。

【用例1】과장님의 이번 해외 출장에 신입사원인 나도 함께 가겠다고 신청했다. 바늘 가는 데 실 가는 법이니까.

（課長の今度の海外出張に新入社員の私も同行を申請した。針の行くところに糸も行くんだから。）

【用例2】승원: 철민아, 어서와. 여자친구도 함께 왔네? 철민: 바늘 가는 데 실 간다는 말도 있잖아. 내가 가는 곳에 항상 같이 따라와야지.

（スンウォン「チョルミン、よく来たな。彼女も一緒か？」チョルミン「針の行くところに糸も行くっていうじゃないか。俺が行く所にはいつも一緒に行かなきゃね」）

－17－

〔17〕 백지장도 맞들면 낫다
ペクッチチャンド　マットゥルミョン　ナッタ

白紙一枚でもいっしょに持ち上げれば楽だ
しらかみ

【意味】どんなにたやすいことでも協力してするのがよい。

【用法】手助けを申し出たり、催促したりするときによく使われる。
백지장（白い紙）を종이（紙）に置き換えることもある。

【ポイント】紙は軽いもののたとえである。そのような白紙一枚でも
一人より二人で持ったほうが楽だ、というユーモラスな誇張表現
となっている。ただし、韓国の伝統紙である韓紙の抄紙行程には
全紙一枚を一人では扱いにくい場合があるようで、それがこのこ
とわざの表現の下敷きになっているとも考えられる。

【用例１】엄마: 이건 내가 들고 갈게. 아들: 엄마, 제가 도와 드릴
게요. 짐은 제가 다 들 테니까 엄마는 그냥 가세요. 엄마: 백지장
도 맞들면 낫다고 같이 들면 낫잖니? 이거 하나 정도는 들고 가야
지.

（母「これは私が持っていくよ」息子「いいよ、母さん。荷物は僕が全
部持つから、母さん楽に行ってよ」母「白紙一枚でもいっしょに持ち上
げれば楽だっていうじゃないか。これ一つぐらいは持たなきゃ」）

【用例２】백지장도 맞들면 낫다더니, 방청소도 동생과 같이 하니 금
방 끝낼 수 있었다.

（白紙一枚でもいっしょに持ち上げれば楽だっていうから、部屋の掃除
も妹と力を合わせてやってみたら、簡単に終わった。）

－18－

第1章　昼の話は鳥が聞き、夜の話はねずみが聞く

〔18〕손뼉도 마주쳐야 소리가 난다
ソンッピョクット マジュチョヤ ソリ ガ ナンダ

手も合わせてこそ音がする

【意味】①何事も協力者がいなければ成就しない。②対等の相手でなければ喧嘩や口論にはならない。

【用法】①の意味では協力の重要性を説くのに用いるが、②の意味では喧嘩するのは一方だけが悪いわけではないと諭すのに用いられる。他に두 손(뼉)이 맞아야/울어야 소리가 난다(二つの手が合って/鳴ってこそ音が出る)、백지장도 맞들면 낫다(白紙も二人で持てば楽だ)、도둑질을 해도 손이 맞아야 한다(盗みを働くにも手を合わせねばならない)、외손뼉이 소리 날까(片手で音が出るか)、외손뼉이 울지 못한다(片手だけでは音が出ない)のような表現もある。

【用例1】진수: 선생님, 재석이가 먼저 저를 때렸어요 재석: 진수 너가 먼저 심한 말을 하니까 그러지. 선생님: 알겠다. 이제 그만 하렴. 손뼉도 마주쳐야 소리가 난다는 말도 있잖니. 둘 다 잘못했어.

(チンス「先生、チェソクが先に僕を叩いたんです」チェソク「チンス、お前が先にひどいことを言ったからじゃないか」先生「わかった。もうやめろ。手も合わせてこそ音がするというだろうが。二人とも悪い」)

【用例2】종호: 넌 왜 아직도 장가를 안 가니? 성곤: 손뼉도 맞아야 소리가 난다고 짝이 있어야 결혼도 하지.

(チョンホ「お前、なんでまだ結婚しないんだ？」ソンゴン「手も合わせてこそ音がするんですから、相手がいなきゃ結婚もできないでしょう」)

－19－

コラム──ことわざと俗談

　韓国のことわざは「속담（ソクタム、俗談）」と呼ばれる。これは「俚諺」と同様に「庶民の話／言葉」という意味である。昔の韓国では、両班（ヤンバン）と呼ばれた支配階級・知識階級の人々は高度な漢文の素養があり、漢文の知識を駆使して言葉の表現力を高めることができた。一方、漢文の知識がない庶民は、固有の言葉を使って効果的な言い回しを工夫してきた。それが俗談である。庶民の話であるから、身近な事柄を題材にした表現が多く、形式ばらないごく日常的な表現を用いるのが普通ある。中には本書に収めた「犬の糞も薬にしようとするとない」（☞ p.105）のように下品に聞こえるものもかなりある。他にも次のようなものがよく知られている。

　똥 묻은 개가 겨 묻은 개 나무란다
　（糞のついた犬が籾のついた犬をけなす）
　똥 누러 갈 적 마음 다르고 올 적 마음 다르다
　（糞をしに行くときの心は糞をして帰って来るときの心と異なる）

　俗談は漢文表現に対立するものであるから、漢文起源の故事成語、四字成語、格言、名言・名句などとはかなり明確に区別されている。
　俗談はまた「옛말（イェンマル）」といわれることもある。これは「昔の言葉」つまり、昔から言われている言葉という意味である。
　一方、日本の「ことわざ」は「こと（言）のわざ（技・業）」であり、また「譬え」とも言われるように、比喩を巧みに用いた気の利いた表現という意味合いが強く、起源についてはあまりこだわらないようである。日本のことわざ辞典には故事成語、四字成語、漢文起源の格言、名言・名句もかなり多く載せられている。

第 2 章

蛙がオタマジャクシの頃を思い出せない

〔19〕 개구리 올챙이 적 생각 못한다
ケグリ オルチェンイ チョク センガン モッタンダ

蛙がオタマジャクシの頃を思い出せない

【意味】 成功した後、昔の苦労を忘れて偉そうにふるまう。

【用法】 苦労していたころのことを忘れて傲慢にふるまう人を揶揄する意味合いで使う。올챙이 적 생각은 못 하고 개구리 적 생각만 한다（オタマジャクシの頃は思い出せず、カエルの頃ばかり覚えている）のような形でいうこともある。

【ポイント】 カエルといえば泳ぎの達人。しかし、そのカエルにも小さくて、泳ぎもおぼつかないオタマジャクシの頃があったというたとえである。少しばかりの成功を鼻にかけて、偉そうにする者はいつの時代にもいるものである。

【用例1】 은지: 내가 영진 씨에게 부탁을 했는데 바쁘다며 나를 무시하는 거 있지. 소희: 아, 그 같은 팀이었다가 승승장구한다던 영진 씨? 은지: 맞아, 신입사원일 때부터 쭉 도움 주고 잘해 줬는데, 개구리 올챙이 적 생각 못하는 거지.

（ウンジ「ヨンジンさんにお願いしても、忙しいからって私のこと無視するのよ」ソヒ「ああ、以前同じチームにいて出世したあのヨンジンさんのこと？」ウンジ「そうよ。新入社員のときからずっと面倒みて親切にしてきたのに、蛙がオタマジャクシの頃を思い出せないってわけよ」）

【用例2】 개구리 올챙이 적 생각 못한다고 말하지만, 우리 사장님은 다르다. 성공하신 후에도 고생하셨을 때와 변함없이 겸손하신 분이다.

（蛙がオタマジャクシの頃を思い出せないっていうけど、うちの社長は違う。成功した後も苦労していた頃と変わらない謙虚な人だ。）

－22－

第2章　蛙がオタマジャクシの頃を思い出せない

〔20〕 개같이 벌어서 정승같이 산다
ケガチ　ポロソ　チョンスンガチ　サンダ

犬のように稼いで宰相のように暮らす

【意味】なりふりかまわず稼いだ金でも使い方がきれいであればよい。

【用法】本来は上の意味であるが、こつこつと貯めた金を豪儀に使う
　　というニュアンスで使われることが多い。산다の代わりに쓴다（使
　　う）とすることもある。

【参考】韓国人の金銭感覚を端的に表すことわざである。「犬のよう
　　に稼ぐ」というのは、汚い手を使って金儲けをすることではない。
　　犬のように忠実に身を低くして稼ぐことである。정승とは現代の
　　大臣、長官級の高級官吏のことで、権勢を誇り裕福な生活をして
　　いた。

【用例1】개같이 벌어서 정승같이 산다는 말처럼 이웃집 김씨는 막
　　노동으로 힘들게 돈을 벌지만, 모은 돈을 모두 불우한 이웃에게 기
　　부했다고 한다.

　　（犬のように稼いで宰相のように暮らすというように隣の金さんは力仕
　　事で苦労してお金を稼いでいるが、貯めたお金を全部恵まれない人々を
　　助けるために寄付したそうだ。）

【用例2】성호: 목수일 하는 이씨 말이야, 매번 쉬지도 않고 일만 해
　　서 돈 모았잖아. 그렇게 모아서 집도 사고 남 부럽지 않게 문화생
　　활도 즐기면서 산다 그러더라. 재진: 개같이 벌어서 정승같이 쓰는
　　거네.

　　（ソンホ「大工の李さんだけど、休みなしに働いてお金を貯めてたじゃ
　　ないか。そうやって貯めて家も買い、結構文化生活を楽しんで暮らして
　　いるんだって」チェジン「犬のように稼いで宰相のように暮らすってや
　　つだな」）

〔21〕 서당 개 삼 년에 풍월을 읊는다
ソ ダン ケ サム ニョ ネ プンウォルル ウムヌンダ

書堂の犬三年にして風月を詠む

【意味】 ①無知な者でも、知恵のある人のそばに長くいると、いくらか知恵がつくものだ。②一つの仕事をはたで長く見ていれば、自然とできるようになるものだ。

【用法】 門前の小僧習わぬ経を読むとほぼ同じ用法。

【参考】 書堂は昔の私設教育機関で、日本の寺子屋のようなもの。漢文の読み書きなどを教えた。伝統文化を守っている安東地域には今でも書堂が残っている。「風月」は吟風弄月を縮めたものであり、「風月を詠む」は、漢詩を作ることを意味する。

【用例1】 집 주인: 오늘은 독감 때문에 집사람이 가게에 못 나온다니까 문 닫을 수밖에 없지 뭐. 점원: 사장님, 오늘 제가 요리를 만들어 보겠어요. 지금까지 주방일도 보고 배웠으니까 할 수 있을 거예요. 서당 개 삼 년이면 풍월을 읊는다잖아요. 걱정 마시고 맡겨 주세요.
(店主「今日はインフルエンザで女房が店に出られないっていうから、店を閉めるより仕方がないな」店員「社長、今日は私が料理を作ります。これまで厨房の仕事も見て覚えてきましたから、何とかやれます。書堂の犬三年にして風月を読むっていうじゃないですか。心配しないでまかせてください」)

【用例2】 서당 개 삼 년에 풍월을 읊는다고 합니다. 오늘의 제가 있는 것도 아무것도 몰랐던 저를 지도해 주신 선생님 덕분입니다.
(書堂の犬三年にして風月を読むと申します。今日の私があるのは、何も知らなかった私を導いて下さった先生のお蔭です。)

第2章　蛙がオタマジャクシの頃を思い出せない

〔22〕하룻강아지 범 무서운 줄 모른다
ハルッカンアジ ボム ムソウン ジュル モルンダ

生まれたての子犬は虎の怖さを知らず

【意味】①幼く弱い者が怖いもの知らずで、強いものを恐れない。②経験の乏しいものが身の程知らずに食ってかかる。

【用法】経験のなさや無分別による大胆な行動や横柄な態度を指していう。批判的な意味で使われることが多い。単に하룻강아지といえば、向こう見ずな人の意味になる。同じ意味のことわざとして자가사리가 용을 건드린다（チャガサリが竜に触れる）がある。チャガサリ（和名ミナミアカザ）は淡水魚の一種。

【参考】하룻강아지はその日生まれたばかりの子犬のこと。虎は恐ろしい動物だが、生まれたばかりの子犬にはその恐ろしさはわからない。経験を積むことによって人は賢くなるものである。

【用例１】지선: 신입사원이 부장님 의견에 반박을 했다던데? 경진: 나도 그 얘기 들었어. 하룻강아지 범 무서운 줄 모른다더니 딱 그 꼴이네.

（チソン「新入社員が部長の意見に反論したんだってさ」キョンジン「私も聞いたわ。生まれたての子犬虎の怖さを知らずを絵に描いたようね」）

【用例２】하룻강아지 범 무서운 줄 모른다더니 그 신인 가수는 노래도 단 한 곡 히트한 것만으로 온 세상이 제 세상마냥 행동하고 다닌다. 그렇게 해서는 팬심이 사라지는 것은 시간 문제다.

（生まれたての子犬は虎の怖さを知らずというが、あの新人歌手ときたらたった一曲ヒットしただけで、もう天下を取ったように横柄にふるまっている。あれではファンの心が離れてしまうのは時間の問題だ。）

－25－

〔23〕 뱁새가 황새를 따라가면 다리가 찢어진다

ペプセがコウノトリについて行けば脚が裂ける

【意味】人真似をして能力以上のことをすると、ひどい目に合う。

【用法】分不相応の行動を戒める言葉である。황새를 따라가면を황새 걸음을 하면（コウノトリの歩き方を真似ると）にしたり、다리（脚）を가랑이（股）に替えることもある。また、뱁새に替えて촉새（アオジ）を用いることもある。

【参考】ペプセ（和名ダルマエナガ）は、スズメに似た体長13センチぐらいの小型の野鳥で、朝鮮半島でよく見られる。

【用例1】영미: 혜수 너 또 핸드백 샀니? 핸드백 많잖아. 혜수: 오늘 친구가 또 가방 사길래 나도 하나 사 버렸어. 영미: 그 친구는 부자라며? 너 뱁새가 황새를 따라가면 다리가 찢어진다. 명심해!
（ヨンミ「ヘス、あなたまたハンドバック買ったの？ たくさん持ってるじゃない」ヘス「今日、友達がまた鞄を買ったんで、私も一つ買っちゃった」ヨンミ「その友達は金持ちだっていうじゃない。あなた、ペプセがコウノトリの歩き方をまねると脚が裂けるわよ。よく覚えておくのよ」）

【用例2】우리 부서 실적 1등인 최 대리가 야근을 하길래 나도 따라 야근을 했다가 다음날 그만 지각을 하고 말았다. 뱁새가 황새를 따라가다 가랑이 찢어지는 꼴이 돼 버렸다.
（うちの部署で実績トップの崔代理が残業するから僕もまねて夜勤をしたら、次の日遅刻してしまった。ペプセがコウノトリの歩き方をまねると脚が裂けるというざまだ。）

－ 26 －

第2章　蛙がオタマジャクシの頃を思い出せない

〔24〕 닭 잡아 먹고 오리발 내민다
タク チャバ モッコ オリバル ネ ミンダ

鶏をつぶして食べてアヒルの足を出す

【意味】悪事がばれそうになり浅知恵でごまかそうとすることのたと
え。

【用法】しでかした過ちの拙い糊塗策を揶揄する表現。文末の述語に
は내 놓는다（出しておく）も使われる。前半部を省略し、오리발
내민다だけで使うこともある。

【ポイント】鶏をつぶして食べたことがばれそうになって、自分の食
べたのは鶏じゃないとアヒルの足を出しておく。そんな嘘はすぐ
にばれるものである。

【用例1】현철: 누가 내 아이스크림 먹었어? 현수 니가 먹었지? 현
수: 아냐, 난 안 먹었어. 현철: 그럼 네 방 휴지통에 있는 아이스
크림 봉지는 뭐야? 너 정말 오리발 내밀 거야?

（ヒョンチョル「誰が僕のアイスクリーム食べた？ ヒョンス、お前が食
べただろ？」ヒョンス「ちがう、私は食べてないよ」ヒョンチョル「じゃ、
お前の部屋のごみ箱にあるアイスクリームの袋は何だ。アヒルの足を出
すってのか？」）

【用例2】그 정치가는 부정 의혹이 생기자 그것은 비서가 한 일이라
자기는 모른다고 발뺌을 했다. 닭 잡아 먹고 오리발 내미는 식으로
국민을 속일 수 있을 리가 없다.

（その政治家は、不正の疑惑が浮上すると、それは秘書がやったことで
自分は知らなかったと言い逃れをした。鶏を食べておいてアヒルの足を
出すようなことで国民をだませるはずがない。）

〔25〕 자라 보고 놀란 가슴 솥뚜껑 보고 놀란다
<small>チャラ　ボ　ゴ　ノルラン　カスム　ソットゥッコン　ボ　ゴ　ノルランダ</small>

スッポンを見て驚いた者が釜の蓋を見て驚く

【意味】 一度何かにびっくりした者は、それと似たものを見ただけで
　　　も怖がる。蛇にかまれて朽ち縄に怖じる。羹に懲りて膾を吹く。

【用法】 同じ意味の別なことわざとして、국에 덴 놈 물 보고도 분다 (汁
　　　で火傷をした者は水を見ても吹いて飲む)、몹시 데면 회도 불어 먹는
　　　다 (ひどく火傷をすれば膾も吹いて飲む)、더위 먹은 소 달만 보아도
　　　허덕인다 (暑気当たりした牛は月を見ただけで喘ぐ) などがある。

【ポイント】 韓国の釜の蓋は日本と違って鉄製で色も形もスッポンの
　　　甲羅と似ていることから発想されたことわざである。

【用例1】 주연: 왜 그래? 무슨 일이야? 가희: 우엉을 보고 뱀인 줄 알
　　　았지 뭐야. 어릴 적에 뱀에게 물린 적이 있어서 깜짝 놀랐어. 주연:
　　　자라 보고 놀란 가슴 솥뚜껑 보고 놀란다더니, 괜찮아?
　　　(チュヨン「どうしたの？　何かあったの？」カヒ「ごぼうを見て蛇だと
　　　思ったよ。小さいとき蛇にかまれたことがあるから、本当にびっくりし
　　　た」チュヨン「スッポンを見て驚いた者が釜のふたを見て驚くっていう
　　　けど、大丈夫？」)

【用例2】 그녀는 검은색 모자를 쓴 도둑을 만난 적이 있어서, 그 이
　　　후로는 자라 보고 놀란 가슴 솥뚜껑 보고 놀란다는 말처럼 검은색
　　　모자만 보면 소스라치게 놀랐다.
　　　(彼女は黒い帽子をかぶった泥棒に遭ったことがあって、それ以来、スッ
　　　ポンを見て驚いた者が釜のふたを見て驚くように、黒い帽子を見るだけ
　　　でびくっとしていた。)

第2章　蛙がオタマジャクシの頃を思い出せない

〔26〕 소 잃고 외양간 고친다
（ソ　イルッコ　ウェヤンカン　コ チンダ）

牛を失くして牛の小屋を直す

【意味】①たいへんなことが起こってしまってから予防策を講じる。手遅れ。泥棒を捕えて縄を綯う。②しくじったことを後で悔いても仕方がない。後の祭り。

【用法】소（牛）を말（馬）に置き換えることもある。また、도둑 맞고 사립문 고친다（泥棒に入られてしおり戸を直す）ともいう。否定的な文脈で用いられることが多い。

【ポイント】외양간は牛馬を入れる小屋、厩。農家では牛や馬は最も大きな財産で、盗まれれば被害は甚大である。

【用例1】남편: 아 아파, 내 다리! 왜 휴지통이 여기에 있는 거야. 아내: 미안해요. 지금 바로 정리할게요. 남편: 됐어. 소 잃고 외양간 고쳐?

（夫「あ、痛っ。なんでここにこんなもの置いとくんだ。脚ぶつけちゃったじゃないか」妻「ごめんなさい。今片付けます」夫「遅いよ。牛を取られて牛の小屋を直す気か？」）

【用例2】지금까지 환경파괴가 심각하게 된 후 이제와서 그런 법률을 제정해 봤자 아무 소용도 없다. 소 잃고 외양간 고치는 격이다.

（ここまで環境破壊が深刻化してから今さらそんな法律を作ったところでどうにもならない。牛を取られて牛の小屋を直すようなものだ。）

－29－

〔27〕떡 본 김에 제사 지낸다
（ットク ボン ギメ チェサ チネンダ）

餅を見たついでに法事をする

【意味】 しようと思っていたことを偶然の機会に乗じてやる。また、急に条件が整ったので、予定外の行動をする。

【用法】 ふとしたきっかけで、かねてからやろうと思っていたことを実行するときに使う。類例に、엎어진 김에 쉬어 간다（倒れたついでに休んでいく）、소매 긴 김에 춤 춘다（袖が長いついでに踊りを踊る）などがある。いずれも発想がユーモラスで、面白い。

【ポイント】 法事に餅はつきものである。餅を見て法事のことに思い当たり早速執り行うというのであるが、もちろん法事はそんなに安易にやれるものではない。あくまでもことわざ的誇張表現である。

【用例1】 준혁: 연희야, 우리 시내에 나온 김에 영화도 보고 들어갈까? 연희: 영화는 다음주에 보기로 했잖아? 준혁: 떡 본 김에 제사 지낸다고, 영화도 보고 들어가자.

（チュニョク「ヨニ、市内に来たついでに映画も見て帰ろうか」ヨニ「映画は来週見るんじゃなかった？」チュニョク「餅を見たついでに法事をするさ。映画も見て帰ろう」）

【用例2】 떡 본 김에 제사 지낸다고, 그녀는 저녁 반찬을 만드는 김에 이틀치 반찬을 넉넉히 만들기 시작했다.

（餅を見たついでに法事をすると、彼女は夕食を作るついでに二日間分のおかずをたっぷりと作り始めた。）

第2章　蛙がオタマジャクシの頃を思い出せない

〔28〕굿이나 보고 떡이나 먹지
（クシナ　ボゴ　ットギナ　モッチ）

クッでも見て振る舞い餅でも食べる

【意味】人のことにはむやみに干渉しないで、黙って見ているのが得
　　　策だ。

【用法】他人のことにむやみに口出しすることを戒める表現。文末の
　　　述語は、状況に応じて먹는다（食べる）、먹어（食べろ）、먹자（食
　　　べよう）など、さまざまな形で使われる。

【参考】「クッ」とは霊能者の巫女（ムーダン）が執り行うお祓いや
　　　祈願などの儀式。供え物をして踊りを踊ったり呪文や神託を唱え
　　　たりして、村や家の安泰・病気の治癒などを祈る。現在でも地方
　　　では根強く行われている。他人の家のクッに口を出してもろくな
　　　ことはない。黙って見物して、振る舞い餅でも食べているのが無
　　　難である。

【用例1】최 이사: 이번 차기사장 인사말이야. 자네는 누굴 밀 건가?
　　　송 이사: 그건 말하기 좀 그러는데, 파벌싸움에 말려 들고 싶지 않
　　　으니까. 굿이나 보고 떡이나 먹어야지.

　　　（崔理事「今度の次期社長人事だが、君はどちらを推すつもりなんだね？」
　　　宋理事「その質問には答えたくないな。派閥争いには巻き込まれたくな
　　　いからね。クッでも見て振る舞い餅でも食べるとするさ」）

【用例2】남의 일에 괜히 참견해서는 미움을 사는 사람이 있다. 그런
　　　사람에게는 굿이나 보고 떡이나 먹으라고 말해 주고 싶다.

　　　（他人のことにいたずらに口を出しては嫌われる手合いがいる。そんな
　　　人には、クッでも見て振る舞い餅でも食べていろといってやりたい。）

－ 31 －

〔29〕 중이 제 머리 못 깎는다
〔チュンイ チェ モ リ モッ ッカンヌンダ〕

坊主が自分の頭を剃れない

【意味】①自分のことなのに、人の手を借りずに自分で処理できない。
　②自分の過ちは自分では気づかないものだ。

【用法】①のような状況の比喩的描写に用いるのが普通であるが、②
　のような人間の愚かさを衝くニュアンスで用いることもできる。

【参考】僧侶にとって頭を剃ることは大切なことであるが、自分で剃
　髪することは難しい。人は、肝心なところで他人の助けを借りず
　にはいられない存在である。類義のことわざに、무당이 제 굿 못
　한다（巫女が自分の祓いができない）、의사가 제 병 못 고친다（医者
　が自分の病気を治せない）などがある。

【用例１】소영: 그 소식 들었어요? 원장님 암이라던데…….희수:
　그러게요. 그렇게 많은 암환자를 고치시더니, 정작 본인이 아프니
　다른 선생님께 치료를 맡기시더라고요. 중이 제 머리 못 깎는다니
　까요.

　（ソヨン「あの話聞きました？ 院長先生が癌ですって」ヒス「そうなの
　よ。あんなにたくさんの癌患者を治されたのに、肝心のご自身のことは
　他の先生に治療を任せていらっしゃるんだって。坊主が自分の頭を剃れ
　ないっていうから」）

【用例２】중이 제 머리 못 깎는 법이라고 그 친구는 남들 중매는 그
　렇게도 잘해 주더니 정작 본인은 아직도 노총각이다.

　（坊さんが自分の髪は剃れないというように、彼は人の見合いはあれほ
　どうまくまとめるのに、実際、自分はいまだに独身だ。）

第2章　蛙がオタマジャクシの頃を思い出せない

〔30〕 길고 짧은 건 재어 보아야 안다
キルゴ チャルブン ゴン チェオ ボ ア ヤ アンダ

長短は測ってみないとわからない

【意味】① 物事の違いは実際に比べてみないとわからない。② 何事もよく知ろうとするなら、実際に自分で体験する必要がある。

【用法】よく使われるのは①の意味である。文末을 아는 법이다 (わからないものだ) とすることが多い。재어 (測って) の代わりに同じ意味の대어を使うときもある。

【ポイント】「長短」は人や物事の優劣のたとえ。類義のことわざに 물은 건너 보아야 알고 사람은 지내 보아야 안다 (川は渡ってみてこそわかり、人は付き合ってみてこそわかる) がある。

【用例1】민수: 내일이 테니스 결승전인데, 김대진한테 질까 봐 걱정돼. 김대진이 작년 우승자잖아. 호진: 민수야, 너도 잘하잖아. 길고 짧은 건 재어 봐야 안다고 괜한 생각 말고 과감하게 도전해 봐.
（ミンス「明日がテニスの決勝戦だけど、金大珍に負けるんじゃないかと心配だ。金大珍は昨年の優勝者じゃないか」ホジン「ミンス、君だって上手じゃないか。長短は測ってみないとわからないっていうから、余計なことを考えずに思い切って挑戦してみろよ」）

【用例2】대부분의 사람들은 올해 아시안게임에서 중국의 우승을 점쳤다. 그러나 승부의 세계에서 길고 짧은 건 대어 봐야 알 수 있는 법이다.
（多くの人は今年のアジア大会で中国の優勝を予想した。しかし、勝負の世界の優劣は実際にやってみなければわからないものだ。）

— 33 —

〔31〕 혹 떼러 갔다 혹 붙여 온다

こぶを取りに行って、こぶを付けて帰る

【意味】 利益を得ようとして、かえって害をこうむること。

【用法】 末尾をいろいろな活用形に変えることができる。また文末を
－하는 격이다, 꼴이다（～するようなものだ）などとする場合もある。

【参考】 昔話の혹부리영감（こぶつき爺さん、日本の「こぶとり爺さん」
に当たる）に由来することわざ。こぶのある爺さんがこぶを歌の袋
だと偽って鬼に売ったと話を聞いて、別な爺さんがこぶを売りに
行ったが、鬼たちに嘘がばれて、前の爺さんから取ったこぶまで
付けられてしまったという話である。

【用例１】 어제 친구와 함께 스트레스를 풀 겸 야구장에 갔는데 혼잡
한 인파로 오히려 스트레스를 더 받았다. 혹 떼러 갔다 혹 붙여 온
꼴이 됐다.

（昨日友達と一緒にストレス解消を兼ねて野球場に行ったが、混雑する
人込みのためかえってストレスが増した。こぶを取りに行って、こぶを
つけて帰った格好だった。）

【用例２】 영미: 어제 딸아이 아프다더니 병원은 잘 다녀 왔어요? 희
수: 말도 마요. 어제 병원 갔더니 사람이 너무 많아서 오래 기다린
통에 아이가 힘들어하고 열만 더 났어요. 혹 떼러 갔다가 혹 붙여
온 혹 붙여 온 격이 됐어요.

（ヨンミ「昨日娘さんの具合が悪いといってたけど、病院に行ってきま
したか」ヒス「それがですね、病院に行ったら人が多くてずいぶん待た
されて、子供が苦しがって余計に熱が出ただけでした。こぶを取りに行っ
て、こぶを付けて戻ったんですよ」）

第 2 章 蛙がオタマジャクシの頃を思い出せない

〔32〕낫 놓고 기역자도 모른다
ナン ノッコ キヨッチャド モルンダ

鎌を置いてハングルの「キヨク」の字もわからない

【意味】まったく文字が読めないこと、まったく無知であることのた
とえ。いろはの「い」も知らない。

【用法】元々は読み書きのできない人を揶揄する表現であったが、現
在では何かについてまったく無知な人を指して用いる。

【ポイント】ハングルの最初の子音字母「ㄱ」の形は草刈り用の鎌に
似ている。その鎌が目の前にあるのに「ㄱ」がわからないという
ことから、読み書きがまったくできないことを表す。連体形を用
いた낫 놓고 기역자도 모르는〜の形でよく使われる。また、同じ
意味のことわざに、やはりハングル文字を比喩にした가갸 뒷자도
모른다 (カギャの次の字거〔コ〕も知らない) もある。

【用例1】 옛날에 비하면 요즘은 문맹률이 급격히 낮아져 소위 낫 놓
고 기역자도 모르는 사람은 거의 찾아 볼 수 없다.

(昔に比べ近年は識字率が急激に向上し、いわゆる鎌を置いてハングル
の「キヨク」の字もわからない人はほとんど見当たらない。)

【用例2】동생: 오빠! 명동까지 갔지만 가게 못 찾고 그냥 돌아왔어.
오빠: 설마. 야, 그렇게 자세하게 약도를 그려 줬는데도 못 찾았다
고? 낫 놓고 기역자도 모르네, 정말.

(妹「明洞まで行ったんだけどお店が見つけられなくてそのまま帰って
きちゃった」兄「まさか、あんなに詳しい地図を書いてやったのにか?
まったく、鎌を置いてハングルの「キヨク」の字もわからないんだな。
あきれた」)

— 35 —

〔33〕 하나를 보면 열을 안다

ハ　ナ　ル　ル　　ボ　ミョン　　ヨ　ル　ル　　アン　ダ

一を見れば十を知る

【意味】① その一端を見れば全体を知り得る。② とても洞察力が鋭
　いことのたとえ。

【用法】主に①の意味で使う。全体を全部知らなくても全体の一部分
　だけ見ても全体が想像できるというときにいう。特にこの言葉は
　人を評価するときに、行動の一端を見ればその人の性格などが分
　かる意で、プラス評価にもマイナス評価にも使われる。

【ポイント】日本語の「一を聞いて十を知る」には②の意味しかない
　が、韓国語では①の意味で使う。②の意味では하나를 들으면 백을
　통한다（一を聞いて百に通じる）、하나를 들으면 열을 안다（一を教
　えられて十を知る）を使うのが普通である。

【用例１】내 친구는 항상 주변정리를 잘 하지 않는다. 하나를 보면 열
　을 안다고 그 친구집이 어떨지 상상이 된다.

　（私の友人はいつも身の回りの整理整頓していない。一を見れば十を知
　るで、彼女の家がどんな様子か想像がつく。）

【用例２】하나를 보면 열을 안다고 김지현 씨는 약속시간에 매번 늦
　는 걸 보니 시간관념도 없고 남을 배려하는 마음이 없는 사람이란
　걸 알 것 같다.

　（一を見れば十を知るで、金智賢さんは約束の時間にいつも遅れるのを
　見ると、時間観念がなく気配りのできない人であることがわかる。）

－ 36 －

第2章　蛙がオタマジャクシの頃を思い出せない

〔34〕 누이 좋고 매부 좋다
ヌイ チョコ メブ チョタ

妹（姉）にもよく妹（姉）の夫にもよい

【意味】立場は違っても両方とも得になってよいこと。

【用法】ある事がお互いにとってプラスになるときに使う。また、よい上にさらによいという意味で使う場合もある。

【参考】親族名称の누이は姉や妹のことで、매부はその夫を表す。姉や妹が結婚することは、本人にとってもその夫になる人にとってもよいことだというごく自然な考え方から生じた表現である。

【用例1】딸: 엄마! 용돈 좀 올려 주면 안 돼요? 올려 주면 열심히 할게요. 내가 공부 잘하면 엄마도 좋잖아요? 누이 좋고 매부 좋은 일이지요. 엄마: 응, 좋다. 하지만 순서가 좀 다르다. 먼저 공부를 열심히 하렴. 그러면 엄마는 기쁘니까 너도 기쁘게 해 줄게.

（娘「お母さん、お小遣い増やしてくれないかな。増やしてくれたら、一所懸命勉強するからさ。私が勉強できるようになったら、お母さんもうれしいでしょ？ 姉にもよく姉の夫にもいいということよ」母「ええ、いいわよ。でも順序がちょっと違うようね。まず、勉強頑張りなさい。そしたら母さんは嬉しいからあなたも喜ぶようにしてあげる」）

【用例2】농협에서는 지역활성화를 도모하기 위해 각종 서비스를 개시한 결과 생산자와 소비자들 모두에게 뜨거운 반응을 얻고 있다. 누이 좋고 매부 좋은 일이 생긴 것이다.

（農協で地域の活性化のために各種サービスを新しく始めた結果、生産者と消費者の双方から熱い支持を得ている。妹にもよく妹の夫にもよいことが起きたのである。）

— 37 —

〔35〕제 눈에 안경
（チェ ヌ ネ アンギョン）

自分の目に合う眼鏡

【意味】他人の目には取るに足りないものでも、自分の気に入ればよ
　　く見えるものだ。蓼食う虫も好き好き。

【用法】人や物の好みの意外性が話題になるとき用いる。単に눈에
　　안경（目に合う眼鏡）ともいう。

【ポイント】他人から見れば何の意味もない眼鏡でも、使う人にとっ
　　てはなくてはならない大切なもの。物の価値は人によって大きく
　　変わるものである。

【用例1】엄마: 어머, 어쩜 드라마 속에서 저 여자랑 저 남자가 눈이
　　맞는대니? 딸: 엄마, 다 제 눈에 안경이라고 하잖아요. 자기 마음
　　에 들면 그만인 거죠 뭐.

　　（母「あらまあ。どうしてドラマの中であの女の人とあの男の人が愛し
　　合うのかな」娘「お母さん、何だって自分の目にあう眼鏡っていうじゃ
　　ない。本人が気に入ればそれまでのことよ」）

【用例2】언니: 은지야, 그 치마는 너무 화려하지 않니? 난 이 검정
　　치마가 너한테 잘 어울릴 것 같은데. 은지: 난 맘에 드는데, 이상
　　해? 언니: 제 눈에 안경이라고 니 맘에 든다면야 나야 할 말 없지.

　　（姉「ウンジ、このスカートはちょっと派手じゃない？ あなたにはこっ
　　ちの黒いスカートがよく似合うと思うけど」ウンジ「私は気に入った
　　んだけどな、変かしら？」姉「自分の目に合う眼鏡だから、あなたが
　　気に入ったんだったら、私は何もいうことないけど」）

－ 38 －

第2章　蛙がオタマジャクシの頃を思い出せない

〔36〕　내 코가 석자
ネ　コ　ガ　ソッチャ

自分の洟が三尺
はな

【意味】自分が窮地に立っているので他人のことに構っていられない
　ことのたとえ。

【用法】他人に助けを求められて断る場合に、このままの形で使うこ
　とが多い。

【参考】코には日本語の「はな」と同様に鼻水の意もある。鼻水が1メー
　トルほども垂れているような状態では、他人のことまで気が回ら
　ないというユーモラスな誇張表現である。漢字成語では、오비삼
　척（吾鼻三尺）、오비체수삼척（吾鼻涕垂三尺）という。

【用例1】주희: 영민 씨, 제가 내일까지 기획안을 보고해야 하는데
　좀 도와 주시겠어요? 영민: 도와 주고 싶지만, 나도 내일 중요한
　발표가 있어서 내 코가 석자라 어려울 것 같은데요. 미안해요.
　（チュヒ「ヨンミンさん、明日までに企画案を報告しなければならない
　んですが、ちょっと手伝ってもらえますか」ヨンミン「手伝ってあげた
　いんですが、私も明日重要なプレゼンテーションがあって、自分の洟が
　三尺だからお手伝いできないんですよ。すみません」）

【用例2】찬영: 나 여자친구랑 최근에 사이가 안 좋아서 그런데, 연
　애상담 좀 해 주라. 은영: 나도 남자친구랑 싸워서 헤어지기 직전
　이야. 내 코가 석자란 말이야.
　（チャニョン「俺、彼女と最近うまくいってなくってさ、ちょっと相談
　に乗ってくれないか？」ウンヨン「私も彼氏と喧嘩して別れるかどうか
　の瀬戸際なんだから、それどころじゃないわよ」）

－ 39 －

コラム──ことわざ・カルタ・コンピュータ

　日本と同様に韓国でもことわざ辞典が多数出版されているが、韓国では小・中学生向けのものが多いのが目立つ。よく知られていることわざに簡単な意味解釈を付けただけのものがほとんどであるが、多くの出版社から出ている。その背景に、韓国では世界のトップクラスといわれるほどに PC が普及しているという事情があるようで、面白い。

　韓国の子供は小学校に入る前後にほとんどが PC に接するようになる。そのときハングルのキーボード入力を練習するためのソフトがいくつか無料で提供されていて、誰でも簡単に利用できるようになっている。早く入力できるようになるために、皆どこかの段階でこれを使っていると思われるが、こうしたソフトに短文入力用の文例としてことわざが用いられているのである。おそらく、長さの点でことわざが手ごろな素材だから使われるのだろうが、入力練習用の文例であるから、意味の解説はついていない。ことわざは表現から意味がわかりにくいので、子供はどういう意味かと疑問を持つことになる。そのために、ことわざ辞典の需要が生まれたのではないかと思われる。実際、PC が普及し始めたころから、ことわざ辞典の出版点数が急に増えたようである。

　日本では昔「いろはカルタ」が、子供たちがことわざに接するきっかけの一つになっていたが、韓国ではことわざを素材にした子供の遊びはなかった。しかし、最近になって、コンピュータの普及が子供たちにことわざを知る機会を与えている。日本ではカルタ取りが子供の遊びからなくなってしまい、子供たちとことわざの距離が遠くなってしまったが、韓国ではコンピュータが子供たちにことわざに接する機会を増しているようである。

第3章

井戸を掘るなら一つの井戸を掘れ

〔37〕 우물을 파도 한 우물을 파라
(ウムルル バド ハン ウムルル パラ)

井戸を掘るなら一つの井戸を掘れ

【意味】 何事も一つのことに打ち込んでこそ成功できる。

【用法】 成功したことを讃えるのにも使われるが、なかなか成就しないので諦めかけた人を叱咤激励したり、根気のない人を諫めたりするのにも用いられる。後半部を한 우물을 파야 물이 난다（一つの井戸を掘らなければ水は出ない）とすることもある。

【ポイント】 井戸を掘るのはなかなか忍耐のいる仕事である。いつ水脈に当たるか予測できないから、水が出ることを信じてひたすら掘り進めるより仕方がない。成功のたとえとしてなかなか秀逸である。

【用例１】 희수: 야, 너 들었어? 현수가 드디어 축구 국가대표로 뽑혔대. 영민: 정말? 꾸준히 공만 차더니 정말 잘됐다. 희수: 우물을 파도 한 우물만 파라는 말이 정말인가 봐.

（ヒス「ねえ、聞いた？ ヒョンスがとうとうサッカーのナショナルチームに選ばれたんだってさ」ヨンミン「本当かい？ 飽きもせずにボールばかり蹴ってたけど、本当によかった」ヒス「井戸を掘るにしても一つの井戸を掘れって、本当みたいね」）

【用例２】 우물을 파도 한 우물만 파라는 말처럼, 나는 내가 좋아하는 그림을 30년 동안 그린 덕분에 지금은 화가가 돼서 사람들에게 인정받게 되었다.

（井戸の掘るなら一つの井戸を掘れという言葉のように、自分が好きな絵を30年間描き続けたおかげで、世間に認められるようになった。）

第3章　井戸を掘るなら一つの井戸を掘れ

〔38〕공든 탑이 무너지랴
（コンドゥン　タ　ビ　ム　ノ　ジ　リャ）

功積みし塔が崩れようか

【意味】力を尽くし真心を込めてやったことは、決して無駄に終わりはしない。

【用法】見出しの表現は古風な疑問形を反語的に用いているが、文末を무너질 리가 없다（崩れるはずがない）、무너질 수가 없다（崩れることがない）にして使うことも多い。現実には功積みし塔が意に反して崩れてしまうこともあるが、その場合には文末を무너졌네（崩れてしまった）などとする。

【参考】韓国の寺には仏舎利や経典を納めた石塔があり、これを「功積みし塔」と呼ぶ。石塔は土台から順に積み上げて造るので、バランスが悪いと崩れてしまう。信者の思いを込めて慎重に造られた石塔は崩れないと信じられていることからできた表現である。

【用例1】 재현: 1년간 열심히 공부해서 보는 시험인데 잘할 수 있겠지? 수지: 당연하지. 넌 정말 열심히 공부했잖아. 공든 탑이 무너지겠니? 걱정하지마.

（チェヒョン「一年間真剣に勉強して試験を受けるんだけど、うまくいくかな？」スジ「もちろん。本当に頑張ったじゃないの。功積みし塔が崩れるもんですか。心配しないの」）

【用例2】 십년간 꼬박꼬박 모은 돈으로 전부터 하고 싶었던 커피숍을 하려고 어렵게 가게 계약까지 했는데 사기를 당해서 한 순간에 공든 탑이 무너지고 말았다.

（十年間こつこつ貯めてきたお金で前からやりたかったコーヒーショップをやろうとやっと店舗契約までしたのに詐欺にあって、一瞬で功積みし塔が崩れてしまった。）

－43－

〔39〕 열 번 찍어 안 넘어가는 나무 없다
（ヨル ポン チゴ アン ノモガヌン ナム オプタ）

十遍伐って倒れない木はない

【意味】①何度も続けて努力すれば、きっと思いどおりに事が成就するものだ。②いくら頑固な人でもたびたび頼み込めば、気持ちも変わってくるものだ。

【用法】特に、好きな異性にアプローチしてうまくいっていない人を励ましたり、あるいはそのような状況にある自分を鼓舞したり正当化するために使われる。「나무 (木)」を「사람 (人)」「남자 (男)」「여자 (女)」に置き換えて使うこともある。

【用例１】민우: 재진아! 나 지우가 너무 좋은데, 지우가 날 싫다고 한다. 재진: 민우야! 힘내. 열 번 찍어 안 넘어가는 사람 없다고, 포기하지 말고 계속 노력해 봐. 그러면 언젠가 너한테 넘어올 거야.

（ミンウ「チェジン、俺チウのことが好きなのに、チウは俺のこと嫌いだってさ」チェジン「ミンウ、元気出せ。十遍伐って倒れない人はないって。あきらめないで努力を続けろよ。そうすればいつかチウも君になびいてくるさ」）

【用例２】요즘 젊은이들은 조금이라도 좌절하면 금방 포기해 버리는 경우가 많은 것 같아서 마음에 걸린다. 무슨 일이든 열 번 찍어 안 넘어가는 나무 없다고 생각하고 포기하지 않고 꾸준히 노력하는 것이 중요하다.

（最近の若者は少しでもつまずくと諦めてしまうことが多いようで気がかりだ。どんなことでも十遍伐って倒れる木はないと思って、あきらめずに粘り強く努力することが大切だ。）

第3章　井戸を掘るなら一つの井戸を掘れ

〔40〕 시작이 반이다

始めが半分だ

【意味】物事は始めさえすれば半分は成就したも同然だ。何事も始め
　が重要で難しいが、いったん始めれば半分やったのも同然だ。
【用法】物事を始めることを促したり、始めた人を激励するときに使
　う。
【ポイント】何かを始めようと思いながら、先行きが不安で踏ん切り
　がつかないことがよくある。しかし、始めなければことは成就し
　ない。
【用例１】가을에 해외 어학연수를 준비하는 재현이는 새해를 맞아
　시작이 반이라는 마음으로 바로 영어학원에 등록했다.
　（秋に海外語学研修に行こうと考えているチェヒョンは、新年を迎え、
　始めが半分だという気持ちで早速英会話学校に登録した。）
【用例２】은미: 식당을 해 볼까 해서 적당한 점포도 찾았는데 좀처럼
　시작을 못하겠다. 장사가 잘 될지도 모르고, 집안일도 걱정이야.
　진희: 거기까지 준비했으면 일단 한 번 해 봐. 시작이 반이라고.
　니 요리 솜씨라면 가게도 꼭 잘될 거야.
　（ウンミ「食堂をやってみようかと思って手ごろな店舗も見つけたんだ
　けれど、どうも踏ん切りがつかないのよ。商売になるかどうかもわから
　ないし、家のことも心配だしね」チニ「そこまで準備しているのなら、
　とにかくやってみなさいよ。始めが半分なんだから。あなたの腕ならお
　店だってきっとうまくいくわよ」）

－ 45 －

〔41〕 쥐구멍에도 볕 들 날이 있다
（チュイグモンエド ビョッ トゥル ラ リ イッタ）

ネズミの穴にも陽の差す日がある

【意味】 苦労の多い人にもいつかは幸運の訪れるときが来る。

【用法】 主に、努力がなかなか報われない人を激励するときに使う。あるいは、自分への慰めに用いることもある。쥐구멍の代わりに 마루 밑（板の間の下）や 마룻구멍（板の間の穴）ともいう。同義のことわざに 개똥밭에도 이슬 내릴 때가 있다（犬の糞だらけの所にも露の降りる日がある）がある。

【ポイント】 ネズミの穴は目立たぬ物陰にあるもの。そんなネズミ穴にも陽が当たることがあるとたとえ、天の恵みは万人に与えられるものであることを強調している。

【用例１】 민정: 엄마, 올해도 사법시험 안 됐어요. 떨어진 것도 이걸로 세번째인데. 이제 포기하는 게 나을지 모르겠어요. 엄마: 무슨 그런 약한 소리를 하니? 쥐구멍에도 볕 들 날이 있다고 마음 바로 잡고 다시 한 번 해 보자. 우리 가족 모두 응원하잖아.

（ミンジョン「母さん、今年も司法試験駄目だった。落ちるのこれで３度目なのに。もうあきらめた方がいいかな」母「何を弱気なこといってるのよ。ネズミの穴にも陽の差す日があるっていうじゃない。気を取り直してもう一年頑張りなさい。家族みんなで応援してるんだから」）

【用例２】 쥐구멍에도 볕 들 날이 있다더니 지하방에서 고생만 하던 선미네 가족들은 드디어 새 집으로 이사를 가게 되었다.

（ネズミの穴にも陽の差す日があるというが、地下部屋で苦労ばかりしていたソンミさんの家族はようやく新しい家に引っ越しをすることになった。）

第3章　井戸を掘るなら一つの井戸を掘れ

〔42〕 호랑이에게 물려가도 정신만 차리면 산다
（ホランイエゲ　ムルリョガド　チョンシンマン　チャリミョン　サンダ）

虎に咥えられても気を確かに持っていれば生きられる

【意味】どんなに危険な状況に直面しても、強い意志で当たれば切り抜けられるというたとえ。

【用法】苦境に陥った人に対する称賛や励ましの表現、あるいは困難な状況におちいったときの開き直りの表現などとして用いられる。漢字語の호랑이（虎）に替えて同じ意味の固有語범を用いることもある。

【ポイント】虎は危険、危機の象徴としてよく用いられる。昔話の中にも虎に食べられそうになりながら知恵をはたらかせて助かる話があり、強い意志力こそ虎に打ち勝つ武器だというのである。

【用例1】그녀는 사기도 당하고 한때는 건강까지 악화되었지만, 호랑이에게 물려가도 정신만 차리면 산다는 말처럼 고난을 잘 이겨내고 있다.

（彼女は詐欺にあって一時は健康まで損ねたが、虎に咥えられても気を確かに持ていれば生きられるという言葉のように苦難をよく乗りこえている。）

【用例2】태희: 이번 사건으로 회사 경영이 많이 어렵다고 하던데, 회사가 위험해질지도 모르겠어. 철민: 이럴 때일수록 정신 바짝 차리고 이겨내야지. 호랑이에게 물려가도 정신만 차리면 산다잖아.

（テヒ「今回の事件で会社の経営がずいぶん苦しいってさ。会社が危なくなるかもしれないな」チョルミン「こういうときこそ気を引き締めて乗りこえなきゃ。虎に咥えられても気を確かに持っていれば生きられるっていうじゃないか」）

— 47 —

〔43〕젊어서 고생은 사서도 한다

若いときの苦労は買ってでもする

【意味】若いときに苦労して難関を乗り越え鍛錬することが大切である。若いときの苦労は買うてもせよ。

【用法】若いときにする苦労は将来役に立つはずだからと若い人に奨励したり、苦労している若い人を励ましたり慰めたりするときに使う。젊어서 고생은 금 주고도 못 산다（若いときの苦労は金を出しても買えない）あるいは젊어서 고생은 돈 주고도 못 산다（若いときの苦労は金では買えない）ともいう。

【参考】形は似ているが、고생을 사서 한다（苦労を買ってする）は仕事の処理を誤るなどして無駄な苦労をすることの意味になる。

【用例1】아버지: 첫 출근한 소감이 어때? 아들: 아버지, 너무 힘들어요. 다들 선배, 상사들 뿐이라 힘든 일은 제가 다 하는 것 같아요. 아버지: 처음 일을 배우니까 그럴 거야. 좋게 생각하렴. 젊어서 고생은 사서도 한다잖니.

（父「初出勤の感想はどうだ？」息子「お父さん、まったく大変なんです。みんな先輩、上司ばかりで、厄介な仕事は僕が全部やるみたいなんです」父「初めて仕事を覚えるんだから、それはそうだろうさ。前向きに考えることだな。若いときの苦労は買ってでもするというじゃないか」）

【用例2】취직이 좀처럼 잘 안되는 호진이지만, 젊어서 고생은 사서도 한다고 생각하며 힘든 생활을 하고 있다.

（就職活動がなかなかうまくいかないホジンだが、若いときの苦労は買ってでもすると考えて、自ら大変な生活をしている。）

第3章　井戸を掘るなら一つの井戸を掘れ

〔44〕첫 술에 배 부르랴
（チョッ　スレ　ペ　プルリャ）

初めの一匙で腹が膨れようか

【意味】何事も、一度やっただけで満足な結果を得ることはできない。何度も繰り返しやって初めて成就するものである。

【用法】何か事を始めようとする人や、何かに失敗して落ち込んでいる人を励ますのに用いられる。

【ポイント】한 술 밥에 배 부르랴（一匙のご飯で腹が膨れようか）ともいう。末尾は上のような古風な反語形式の他に、안 부른다（膨れない）、부를 리가 없다（膨れるはずがない）、부르는 법 없다（膨れるものではない）のような形でも使われる。

【用例1】지선: 재인아, 카페 개업 축하해. 첫날 매출은 어때? 재인: 휴, 생각보다 많지가 않네. 벌써부터 걱정이야. 지선: 첫 술에 배 부를 수 있겠니? 실망하지 말고 힘내.

（チソン「チェイン、カフェオープンおめでとう。初日の売り上げはどうなの？」チェイン「うーん、思ったより少ないね。もう今から心配だわ」チソン「初めの一匙で腹が膨れるはずがないわよ。気落ちしないで、元気出して」）

【用例2】민서: 영어학원에 등록해서 갔는데 처음이라 맘처럼 잘 안 되네. 도현: 나도 처음엔 잘 못했어. 첫 술에 배 부르는 법 없다고.

（ミンソ「英会話学校に登録して行ったけど、初めてで思うようにうまくできないの」トヒョン「俺だって最初はできなかったよ。初めの一匙で腹が膨れるはずがないって」）

－49－

〔45〕하늘이 무너져도 솟아날 구멍이 있다
(ハヌリ ムノジョド ソナナル クモンイ イッタ)

天が崩れても這い出る穴はある

【意味】どんなに困難な状況でも切り抜ける方策はあるものだから、簡単に諦めてはならない。

【用法】万事休すと思われた局面をどうにか無事に切り抜けたときや、困難な状況にある人を励ますときなどに用いられる。땅이 꺼져도 솟아날 구멍이 있고, 하늘이 무너져도 솟아날 구멍은 있다 (地面が割れても這い出る穴はあり、天が崩れても這い出る穴はある) のように対句形式で用いることもある。

【ポイント】大惨事といっても、現実に天が崩れることはありえないだろう。しかし、あえてそう表現することで印象が強められている。ことわざによく見られる誇張法の一例である。

【用例1】은지: 어떡하지? 지갑을 깜빡 잊고 안 가져왔네. 준수: 은지야, 내가 돈을 여유있게 가져왔어. 내가 빌려 줄게. 은지: 하늘이 무너져도 솟아날 구멍이 있다더니 고마워.

(ウンジ「どうしよう。財布をうっかり忘れて持ってこなかったわ」チュンス「ウンジ、僕がお金を余分に持ってきたよ。貸してやるよ」ウンジ「天が崩れても這い出る穴はあるってことね。サンキュー」)

【用例2】기차시간에 늦을 것 같아서 급히 뛰어갔는데, 하늘이 무너져도 솟아날 구멍이 있다고 하더니 다행히도 연착이 되었다.

(汽車の時間に遅れそうで必死で走ってきたら、天が崩れても這い出る穴はあるで運よく汽車が遅れてやってきた。)

— 50 —

第3章　井戸を掘るなら一つの井戸を掘れ

〔46〕 티끌 모아 태산
（ティックル　モ　ア　テサン）

塵集めて泰山

【意味】 ほんのわずかな物でも積り積もれば大きなものになる。塵も
積もれば山となる。

【用法】 些細なことでも疎かにしてはならないと戒めたり、たゆまぬ
努力を推奨、称賛するために用いる。

【参考】 泰山は中国山東省にある山。標高は 1,545 m とさほど高くは
ないが、道教の聖地の一つとされるなど、古くから信仰の対象と
なっている。とてつもなく大きなものの象徴として多くの成語で
使われる。この意味・用法が朝鮮にも入った。

【用例1】 진우: 지현아, 나 벌써 10만원이나 모았어. 지현: 우와, 대
단하다. 티끌모아 태산이라더니, 동전만 모아도 그렇게 되는구나.
（チヌ「チヒョン、ぼくもう 10 万ウォンも貯めたよ。」チヒョン「うわー、
すごい。塵集めて泰山っていうけど、小銭だけ貯めてもそんなになるん
だね」）

【用例2】 티끌 모아 태산이라는 말이 있듯이, 국민 개개인의 작은 관
심과 실천이 모이면 나라도 큰 힘을 발휘하게 될 때가 있다.
（塵集めて泰山ということばがあるように、国民の個人個人の小さな関
心と実践が集まれば国も大きな力を発揮するようになるときがある。）

— 51 —

〔47〕가는 날이 장날이다

行った日が市日だ

【意味】何かをしようとして思いがけないことに出くわすことのたとえ。

【用法】「折りよく」と「あいにく」の両方の意味に使われるが、辞典にはよい意味に解しているものが多い。しかし、実際使う時は「あいにく」の意味で使われることが多いようである。

【参考】以前、韓国の地方では市は常設ではなく、5日サイクルで市が立った。遠くの知人を訪ねて行ったら、たまたま市の立つ日で出かけて不在だったということからできた表現だと思われる。「友人の不在」から「あいにく」の意味が、たまたま市が立っていたことから「折よく」の意味ができたのであろう。また、「장날（チャンナル）」はもともと「市日」ではなく「葬礼の日」であるとする説もある。

【用例1】수미: 바로 근처에 맛있는 삼계탕집 있는데 점심은 거기서 할래요? 명진: 좋아요. 가요. 수미: 오, 문 닫았네요. 쉬는 날인가 봐요. 가는 날이 장날이네요. 정말. 이 집 삼계탕 정말 맛있는데.
（スミ「すぐそこにおいしいサムゲッタンのお店があるんですが、お昼はそこでどうですか？」ミョンジン「いいですよ。行きましょう」スミ「え、店が閉まってるわ。お休みみたい。行った日が市日というけど、まったく。ここのサムゲッタンほんとにおいしいのに」）

【用例2】성민: 오, 진한아! 마침 잘 왔다. 지금 치킨 먹으려고 하던 참이었는데 같이 먹자. 진한: 가는 날이 장날이네. 잘 먹을게.
（ソンミン「お、チナン、いいところに来たな。今チキンを食べようとしてたところだ。一緒にどうだ？」チナン「行った日が市日だな。ご馳走になるよ」）

— 52 —

第3章　井戸を掘るなら一つの井戸を掘れ

〔48〕 사촌이 땅을 사면 배가 아프다
_{サ チョ ニ ッタンウル サミョン ペ ガ ア プ ダ}

いとこが土地を買えば腹が痛い

【意味】他人が自分よりよくなるのを見ると、よい気持ちはしない。

【用法】妬み心を推奨するわけではないが、人間の心情とはそういう
　　　ものだと半ば肯定するニュアンスがあり、そうした文脈で用いら
　　　れることが多い。

【参考】사촌とは従妹のこと。韓国社会では従姉妹同士の関係は兄弟
　　　姉妹とほとんど差のないほど親しい関係である。その従姉妹です
　　　ら腹が立つのだから他人ならなおさらだ、というニュアンスにな
　　　る。배가 아프다 (腹が痛い) には、字義通りの意味の他に慣用句
　　　として「ねたましい」の意味がある。

【用例1】아내: 여보, 글쎄 내 친구 숙자가 지난해 사 둔 집값이 올
　　　라서 부자가 됐다네. 내가 사 둔 집은 오르지도 않는데……. 남편:
　　　사촌이 땅을 사면 배가 아프다더니, 친구가 부자가 되니까 배가 아
　　　픈가 봐?

　　　(妻「あなた、あのね、友達のスクチャが去年買った家が値上がりして
　　　金持ちになったんだって。私が買った家は上がらないのに……」夫「い
　　　とこが土地を買えば腹が痛いっていうけど、友達が金持ちになって腹が
　　　立つのかい?」)

【用例2】사촌이 땅을 사면 배가 아프다더니, 나보다 공부도 못하고
　　　못 생겼던 친구가 유명한 사람이 돼서 텔레비전에 나오니 나도 모
　　　르게 배가 아팠다.

　　　(いとこが土地を買えば腹が痛いというが、自分より勉強もできず、不
　　　細工だった子が有名人になってテレビに出るのを見ると、無性に腹が
　　　立った。)

－53－

〔49〕 꼬리가 길면 밟힌다
<small>ッ コ リ ガ　キルミョン　パルビンダ</small>

尻尾が長ければ踏まれる

【意味】悪いことはいくらわからないようにやっていても、繰り返していると最後にはばれるものだ。天網恢恢疎にして漏らさず。お天道様はお見通し。

【用法】悪事・悪行を戒めることわざ。밟힌다の代わりに잡힌다（捕えられる）も使われる。文末は〜는 법이다（〜ものだ）や〜게 마련이다（〜するものだ）などを付けて用いられることが多い。

【参考】고삐가 길면 잡힌다（手綱が長ければ捕まえられる）ということわざが誤って伝えられたという説もあるが、現在よく使われるのは見出しの表現である。

【用例１】소윤: 우리 학교를 털었던 도둑이 잡혔다던데? 대진: 응, 잘됐지. 한 번도 아니고 한 달에 다섯 번씩이나 그랬지? 언젠가는 잡힐 줄 알았어. 소윤: 꼬리가 길면 잡히는 법이야.

（ソユン「うちの学校を荒らしていた泥棒が捕まったって」テジン「うん、よかった。一度だけじゃなく１か月で５度もだろ？ いつかは捕まると思ってたよ」ソユン「尻尾が長ければ踏まれるもんだ」）

【用例２】강남구 일대에 자동차 도난 사건이 끊이지 않더니, 꼬리가 길면 밟힌다고 범인이 결국에 잡혔다.

（江南区一帯で自動車の盗難事件が絶えなかったが、悪いことはいつかはばれるもので、犯人は結局捕まった。）

第3章　井戸を掘るなら一つの井戸を掘れ

〔50〕까마귀 날자 배 떨어진다

カラスが飛び立つや梨が落ちる

【意味】まったく関係のない二つの事が同時に起きたために思わぬ疑いをかけられる。

【用法】事態の比喩的描写として用いるのが普通であるが、とんでもない誤解を受けた人を弁護したり弁明するために使うこともできる。

【ポイント】梨の木に停まっていたカラスが飛び立つと同時に梨の実が落ちると、梨が熟れて自然に落ちたものであったとしてもカラスのせいにされてしまう。そのような偶然の一致は意外によく起きる。

【用例1】동수: 너 어제 혼자 야근했다며? 영업팀에서 중요한 서류가 없어졌다고 아침부터 발칵 뒤집혔대. 성주: 어제 별일 없었는데. 동수: 너 혼자 야근한 거라서 괜히 까마귀 날자 배 떨어진 격으로 의심받을 수도 있겠다.

（トンス「おまえ、昨日独りで残業をしてたんだって？ 営業チームで重要な書類がなくなって朝から大変だそうだ」ソンジュ「昨日、別に何もなかったけどな」トンス「お前独りで残業をしてたから、カラスが飛び立つや梨が落ちるみたいに変に疑われるかもしれないぞ」）

【用例2】협력업체로부터 뇌물을 받은 김 부장님과 같이 골프를 쳤다는 이유만으로 나까지 의심을 받게 되었다. 까마귀 날자 배 떨어진 격이 돼 버리고 말았다.

（業者から賄賂を受け取った金部長と一緒にゴルフをしたというだけで私まで疑われた。カラスが飛び立つや梨が落ちるようなことになってしまった。）

— 55 —

〔51〕 닭 쫓던 개 지붕 쳐다본다
タク ッチョットン ケ チブン チョダボンダ

鶏を追いかけた犬が屋根ばかり見上げる

【意味】苦労してやったことが失敗に終わったり、競争相手に負けた
ときに、どうしようもなく悔しがる様子。

【用法】後半部を省略して닭 쫓던 개 꼴（鶏を追いかける犬のよう）と
いうこともある。あるいは、지붕 쳐다본다に代えて울타리 넘겨다
본다（垣根越しに覗き見る）ともいう。

【ポイント】捕まえかけた鶏が今一歩のところで、屋根の上へと跳ん
で逃げた。犬は恨めしく見上げるしかない、というような状況に
たとえたもの。人間社会にも同様のことが頻繁に起きるものであ
る。

【用例1】최 대리: 영업팀의 이 대리 말야. 박 과장님만 믿고 정말
열심히 했는데 박 과장님은 아무 것도 해 주지 않은 채 해외로 전근
가 버렸다잖아. 김 대리: 그거 참 안됐지 뭐야. 닭 쫓던 개 지붕 쳐
다보는 꼴이랄까?

（崔代理「営業チームの李代理のことだけど、朴課長だけ信じて本当に
一所懸命にやってきたのに、課長は何の手当てもしないまま海外に転勤
してしまったそうじゃないか」金代理「本当に気の毒だよ。鶏を追いか
けた犬が屋根ばかり見上げるってところかな」）

【用例2】5년간 열심히 시험을 준비해 온 상우는 올해 그 시험이 폐
지된다는 소식을 듣고 닭 쫓던 개 지붕 쳐다보는 꼴이 돼 버렸다.

（5年間一所懸命に試験の準備をしてきたサンウは、今年その試験が廃
止されると聞いて、鶏を追いかけた犬が屋根ばかり見上げるような羽目
となった。）

第3章　井戸を掘るなら一つの井戸を掘れ

〔52〕 울며 겨자 먹기
（ウルミョ　キョジャ　モッキ）

泣きながらカラシを食べる

【意味】やむを得ずやりたくないことをする。

【用法】何かをいやでもやらなければならない羽目になったときに用いる。

【参考】韓国料理の香辛料といえば唐辛子で、韓国人はその辛さにはめっぽう強い。ところが、カラシが韓国料理に使われることはあまりなく、鼻につんと来る辛さは苦手で、カラシだけを食べるのは本当に耐えがたいことである。

【用例1】아내: 오늘 진영이가 또 동생이랑 싸웠지 뭐예요. 남편: 그래서 화해는 했고? 아내: 서로 사과하고 화해하랬더니, 울며 겨자 먹기 식으로 못 이기는 척 하긴 하더라고요.

（妻「今日、チニョンがまた妹と喧嘩したんですよ」夫「それで仲直りしたの？」妻「お互いに謝って仲直りしろっていったら、泣きながらカラシを食べるみたいに仕方なくしたんですけどね」）

【用例2】김 주임은 날이 더워 시장조사 가는 게 너무 싫었지만, 울며 겨자 먹기로 나설 수 밖에 없었다.

（金主任は、暑くて市場調査に行くのが嫌でしかたなかったけど、泣きながらカラシを食べるように率先して行かざるを得なかった。）

コラム──日韓共通のことわざ

　日本と韓国のことわざには共通のものがかなりある。意味だけが似ているということであれば、ことわざには文化の違いを超えた共通の面が多いから、それほど不思議なことではない。しかし、意味ばかりでなく表現の仕方も似ているとなると、そこには何かわけがあると考えなければならない。

　そのような理由の１つととして、日韓のことわざが共通の起源を持つ場合がある。例えば、「虎穴に入らずんば虎児を得ず（범 굴에 들어가야 범을 잡는다）」、「井の中の蛙（우물 안 개구리）」のようなことわざは中国語起源であることがはっきりしている。このような例は、日本と韓国が共に漢字文化圏の中で中国の影響を受けながら発展してきたことの名残である。

　また、数は少ないけれども、「溺れる者は藁をもつかむ（물에 빠진 놈 지푸라기라도 잡는다）」のように西洋語（特に英語）のことわざに起源を持つものもある。

　しかし、日韓共通のことわざの中には、「三つ子の魂百まで（세 살 버릇 여든까지 간다）」、「猿も木から落ちる（원숭이도 나무에서 떨어질 때가 있다）」のような共通の起源のあることが明らかになっていないものもかなりある。

　これらの例については、表現の特殊性からして、偶然の一致であるとは考えにくい。日本のことわざが韓国へ、あるいは逆に韓国のことわざが日本へと伝わったと考えるべきであろう。どちらが元であるかを突き止めることは簡単ではないが、いずれにせよ、日本と韓国が互いに密接な影響関係にあったことがことわざの世界にも痕跡を残しているのである。

第4章

空の車がもっとうるさい

〔53〕 빈 수레가 요란하다
ピン ス レ ガ ヨ ラ ナ ダ

空の車がもっとうるさい

【意味】 ①本当によく分かっている者はじっと黙っているが、よく分からない者ほど知ったかぶりをして騒ぎ立てる。空き樽は音が高い。②貧しい者がお金があるふりをしたりして偉そうにふるまうことのたとえ。

【用法】 ①の意味で使う場合が多い。知ったかぶりをする者を揶揄する言葉。

【ポイント】 昔の荷車や手押し車にはタイヤのようなものはなく、荷を積まずに軽いときの方が、砂利道でガタゴトと大きな音を立てたことから来たことわざ。

【用例1】 현석: 대진이가 퀴즈 프로그램에서 우승한다고 그렇게 장담했는데 첫 문제에서 탈락했네. 완전히 풀이 죽어 있대. 기준: 빈 수레가 요란한 법이지. 이걸로 좀 얌전해지겠네.
（ヒョンソク「テジンのやつ、クイズ番組で優勝するんだって息巻いていたけど、最初の問題で脱落しちゃったな。すっかりしょげかえっているらしいよ」キジュン「空の車の方がうるさいってことさ。これに懲りて少しはおとなしくなるだろうよ」）

【用例2】 옛말에 빈 수레가 요란한 법이라고 잘난 척 큰소리 치는 사람은 믿을 수가 없다. 그런 사람은 꼭 행동력이 없기 마련이다.
（昔から空の車がもっとうるさいというが、大口を叩いてばかりいる人間は信用できない。そんなやつに限って実行力がないものだ。）

第4章　空の車がもっとうるさい

〔54〕 얌전한 고양이 부뚜막에 먼저 올라간다

（ヤムジョナン　コヤンイ　ブットゥマゲ　モンジョ　オルラガンダ）

おとなしい猫がかまどに先に上がる

【意味】おとなしく見える人がとっぴなことをする。

【用法】おとなしそうに見える人が意外なことをしでかしたときの驚きの表現。점잖은 개가 부뚜막에 오른다（おとなしい犬がかまどに上がる）ともいう。あるいは、さらにユーモラスに誇張した점잖은 개가 부뚜막에 오줌 싼다（おとなしい犬がかまどに小便する）という表現もある。

【ポイント】かまどは土やレンガで作った昔の煮炊きの設備。地方によってはかまどの熱気をオンドル（室内暖房）に用いることもあった。かまどの上は暖かく猫の好む場所。普段おとなしい猫が真っ先に跳びあがったりする。犬が上がったりすれば意外性はさらに高まる。

【用例１】연우: 혜정 씨하고 건우 씨가 사귄다면서? 나경: 뭐? 정말이야? 혜정 씨는 그렇게 안 보이더니 얌전한 고양이 부뚜막에 먼저 올라간다고 제일 먼저 애인이 생겼네.

（ヨヌ「ヘジョンさんとコヌさんが付き合ってるんだって」ナギョン「え？ それ本当？ ヘジョンさんってそんな風に見えないのに、おとなしい猫がかまどに先に上がるっていうけど、いちばん先に恋人ができたのね」）

【用例２】늘 모든 사원의 부러움을 사던 모범사원인 이 차장이 실은 3년간 회사 공금을 횡령한 죄가 밝혀졌다. 정말로 얌전한 개가 부뚜막에 올라간다더니.

（いつも全社員から羨ましがられる模範社員の李次長が、実は３年間会社のお金を横領していたことが発覚した。昔からおとなしい犬がかまどに上がるというけど、まったく驚きだ。）

— 61 —

〔55〕 남의 잔치에 감 놓아라 배 놓아라 한다
（ナメ チャンチエ カム ノ アラ ペ ノ アラ ハンダ）

人の祝宴に柿を載せろ梨を載せろという

【意味】他人のことに不必要に干渉したり口出しをする。

【用法】他人のことにむやみに口出しをする人に対して余計なお世話だと非難するときに使う。잔치（宴会）を일（事）に置き換えて使う場合もある。また、감（柿）と배（梨）の順序を入れ替えてもよい。

【ポイント】宴席に呼ばれた客はおとなしく席に座っていればよいのに、柿はこっちだ梨はあっちだとうるさく指図がましいことをいう人は今も昔も少なくない。

【用例1】혜민: 어제 숙제를 하는데, 자꾸 언니가 이렇게 해라 저렇게 해라 옆에서 말하는 거 있지. 수아: 그건 네 숙제인데, 언니가 왜 그런다니? 혜민: 남의 일에 감 놓아라 배 놓아라 하는 거지.

（ヘミン「昨日宿題をやってたら、お姉ちゃんがああしろこうしろって横からうるさく口を出すのよ」スア「あなたの宿題なのに、お姉さんが何でそんなことするのかしらね」ヘミン「人の祝宴に柿を載せろ梨を載せろというってことでしょ」）

【用例2】자기 일은 뒷전에 두고 다른 사람이 하는 일에는 감 놔라 배 놔라 상관하는 그런 사람이 꼭 있는 법이다. 도움이 되기는 커녕 오히려 문제를 더 만든다는 것을 모르는 것 같다.

（自分の事はそっちのけで、他人がやることに柿を載せろ梨を載せろとうるさく口を出すそんな人が必ずいるものだ。助けになるどころか、かえって迷惑だということがわからないらしい。）

— 62 —

第4章　空の車がもっとうるさい

〔56〕 못 먹는 감 찔러나 본다

食べられない柿を刺してみる

【意味】欲しいものが手に入れられないとき、腹いせに他人にも手に
　入らないようにする。

【用法】腹いせのための理不尽な行動をたとえていう。

【ポイント】ここでいう柿は、高い枝にあって手が届かない柿のこと。
　柔らかく熟した柿をとがったもので突っついて傷をつければ食べ
　られなくなる。自分が手に入れられないことは諦めがつくけれど
　も、他人が手に入れるかと思うと我慢できない。誰しも多少なり
　とも身に覚えのある心理をうまく衝いたことわざである。類義の
　ことわざに못 먹을 밥에는 재나 넣지（自分が食べられないご飯に灰
　を入れる）などがある。

【用例1】희철: 민우아. 너 해외파견 근무 가고 싶어했으면서, 왜 거
　기 가면 안된다고 소문내고 다니니? 민우: 그야 난 안 보내 준다잖
　아. 못 먹는 감 찔러나 보는 거지.
　（ヒチョル「ミヌ、お前海外派遣勤務に行きたがってたくせに、人には
　そんなところ行ったらだめだなんて何でいいふらしてるんだ？」ミヌ「そ
　りゃ、俺に行かせてくれないからさ。食べられない柿を刺してみるって
　とこさ」）

【用例2】동준이는 나영이를 좋아하는 마음이 있으면서도, 나영이가
　퇴짜를 놓자 못 먹는 감 찔러나 보는 심정으로 나영이에 대해 안 좋
　은 험담을 하고 다녔다.
　（トンジュンはナヨンに気があるのに、ナヨンにふられると、食べられ
　ない柿を刺してみるという思いで、ナヨンの悪口をいいふらした。）

— 63 —

〔57〕 되로 주고 말로 받는다
トェロ チュゴ マルロ パンヌンダ

一升枡で与えて一斗枡で受ける

【意味】①他人を困らせると何倍もの報いを受けること。②少し与え
　てその何倍もの代価を受け取ること。

【用法】もともと①の意味であったが、最近は②の意味で使われる場
　合も多い。

【参考】「升」と「斗」は穀物などの量を計るときに使う単位で、「升」
　は約 1.8 リットル、「斗」は約 18 リットルに当たる。

【用例１】선호는 항상 민수를 괴롭히기 일쑤였다. 어느 날 민수는 참
　다 못해 담임 선생님께 말씀드렸고, 그 날 이후로 선호는 매일 화장
　실 청소 당번이 되었다. 선호는 민수에게 되로 주고 말로 받는 격이
　됐다.

　（ソノはいつもミンスをいじめてばかりいた。ある日ミンスは我慢でき
　ず担任の先生に話をしたら、その日からソノは毎日トイレ掃除の当番を
　することになった。ソノはミンスに一升枡で与えて一斗枡で受けること
　になったわけだ。）

【用例２】지영: 발렌타인 때 옆 직원에게 초콜릿을 하나 건넸는데 화
　이트데이 때 사탕하고 스카프 선물을 받았어. 은옥: 정말? 되로
　주고 말로 받은 셈이네.

　（チヨン「バレンタインデーに同僚にチョコレートを一つ渡したら、ホ
　ワイトデーにキャンディとスカーフをもらっちゃった」ウノク「本当に？
　一升枡で与えて一斗枡で受けたってわけね」）

— 64 —

第4章　空の車がもっとうるさい

〔58〕불난 집에 부채질한다

火の出た家を団扇で扇ぐ

【意味】①人の不幸をさらに大きくするような言動をする。②人の怒りをさらにあおりたてる。火に油を注ぐ。

【用法】事態をいたずらに深刻化させるような言動を非難していう。前半部を불난 데（火の出たところ）に、後半部を부채 들고 간다（団扇を持って行く）あるいはキ 들고 간다（箕を持って行く）に替えることもある。

【ポイント】火の出たところを団扇で扇げば、火勢が増すに決まっている。世の中には、騒ぎが大きくなるのを面白がる無責任な人間がけっこういるものである。

【用例1】수지: 이번에 내 기획안 떨어졌어. 최선을 다해서 만든 거라서 자신 있었는데. 영미: 안 됐어? 근데, 이번 결과로 승진도 결정된다던데 어떡하니? 수지: 됐어. 지금 불난 집에 부채질 해?

（スジ「今回私の出した企画案が落ちちゃった。最善を尽くして仕上げたものだから自信あったのに」ヨンミ「落ちたの？　だけど、今度の結果で昇進も決まるって聞いてたのに、残念ね」スジ「やめてよ。どうして火の出たところを団扇で扇ぐようなことをいうのよ」）

【用例2】A기업은 불량제품 사건으로 분노에 찬 국민들에게 진심이 담기지 않는 사죄글을 올려 불난 집에 부채질 한 꼴이 되었다.

（A社は不良製品事件で国民の怒りを買った上に、誠意のない謝罪文を出して火に油を注ぐ結果となった。）

－ 65 －

〔59〕 원수는 외나무 다리에서 만난다

仇敵は一本橋の上で出会う

【意味】嫌な相手にはどこかで必ず会うものだ。

【用法】仇敵やライバルとの縁が深いことを実感するような場面で用いられる。외나무 다리에서 만날 날이 있다（一本橋の上で会う日が来る）ともいう。

【ポイント】現在は車の通る幅の広い橋が当たり前になっているが、かつては田舎へ行くと、丸木を削って渡しただけの一本橋が珍しくなかった。そんな一本橋の上で出会えば、嫌でも避けようがない。仇敵の縁を結んでしまうと、いつかは必ず対決することになる。

【用例１】인표: 엄마, 이번에 전국 테니스 대회에서 재준이랑 붙게 되었어요. 엄마: 재준이라면 중학교 때 너 괴롭히던 그 녀석 말야? 옛말에 원수는 외나무 다리에서 만난다더니.

（インピョ「お母さん、今度のテニスの全国大会でチェジュンと対戦することになったよ」母「チェジュンって中学校のときあなたをいじめてたあの子のこと？ 昔から仇敵は一本橋の上で出会うっていうけど、まったくそのとおりだね」）

【用例２】원수는 외나무 다리에서 만난다는 말처럼, 입사식에서 문득 옆을 보니 고등학교 때 원수였던 기진이가 있는 게 아닌가. 정말 머리를 한방 맞은 느낌이었다.

（仇敵は一本橋の上で出会うというが、入社式でふと横を見たら、高校時代に嫌でたまらなかったキジンのやつがいるではないか。頭をガツンとやられた思いがした。）

― 66 ―

第4章　空の車がもっとうるさい

〔60〕 지렁이도 밟으면 꿈틀거린다
<small>チ ロン イ ド　　パルブミョン　ックムトゥルゴリンダ</small>

ミミズも踏めばのたくる

【意味】どんなに弱い立場の者でも、ひどい侮辱を受ければ腹を立てる。一寸の虫にも五分の魂。

【用法】他人を侮ってはいけないと戒めるときや、他人から侮りを受けて反発するときなどに使われる。지렁이に替えて꿈벵이（セミの幼虫）や벌레（虫）を用いたり、꿈틀거린다を同じ意味の꿈틀한다や꿈쩍한다に置き換えることもある。

【ポイント】ミミズのような取るに足りないと思われている生き物でも踏みつけられればおとなしくしてはおらず身をよじって抵抗するものだ。

【用例1】서준: 그 얘기 들었어요? 그 얌전한 은정 씨가 부장님께 말대답을 했다더라고요. 혜지: 부장님이 좀 심하긴 하셨어요. 지렁이도 밟으면 꿈틀거린다는 말도 있잖아요.
（ソジュン「あの話聞きました？　あのおとなしいウンジョンさんが部長に口答えしたんですって」ヘジ「部長がちょっとやりすぎたのよ。ミミズも踏めばうごめくっていう言葉もあるじゃない」）

【用例2】지렁이도 밟으면 꿈틀한다더니, 반 친구들에게 괴롭힘을 당하던 호철이가 그날은 웬일인지 큰소리로 그만하라고 말했다.
（ミミズも踏めばうごめくというが、クラスの子にいじめられていたホチョルが、その日はなぜかきっぱりとした声で「やめろ」といった。）

― 67 ―

〔61〕콩 심은 데 콩 나고 팥 심은 데 팥 난다

大豆を植えたところに大豆が生え、小豆を植えたところに
小豆が生える

【意味】何事も原因があって結果が生じるものだ。

【用法】単なる因果関係の指摘ではなく、良い結果を得るのも悪い結
果を招くのもどのような努力をしたかによる、という含みがある。

【ポイント】原因のない結果はなく、また結果をもたらさない原因も
ない。農業はこの摂理をもっともわかりやすく教えてくれる。

【用例1】대호: 엄마, 이번 시험에서 영어는 100점인데 수학은 55
점이야. 속상해 죽겠어요. 엄마: 콩 심은 데 콩 난다고, 영어는 늘
열심히 했고 수학은 맨날 싫어해서 안 하니까 그렇지.

(テホ「母さん、今度の試験で英語は100点だけど、数学は55点。腹立
つなあ」母「大豆を植えたところに大豆が生えるで、英語はいつも一所
懸命やるのに、数学は嫌がってやらないからよ」)

【用例2】그는 항상 영업실적이 최고라서 동료들을 무시했다. 그러
다가 어느새 동료들도 그에게 누구 하나 관심을 안 가지게 되었다.
그 결과 팀워크가 부족하다는 이유로 그는 지방지점으로 옮기게 되
었다. 콩 심은 데 콩 심고 팥 심은 데 팥 나는 법이다.

(彼はいつも営業実績が1番だったから、同僚を無視していた。そのう
ちに、いつの間にか同僚の誰からも相手にされなくなり、その結果、協
調性に欠けるという理由で地方支店に移されてしまった。大豆を植えた
ところに大豆が生え、小豆を植えたところに小豆が生えるということ
だ。)

第4章　空の車がもっとうるさい

〔62〕 집에서 새는 바가지가 들에 가도 샌다
チベソ セヌン パガジガ トゥレ カド センダ

家で漏れるパガジは野へ行っても漏れる

【意味】人の欠点や悪癖はどこに行っても現れるもので、隠しようが
　　　ない。

【用法】本性や行義の悪さを批判したり揶揄する表現。안에서 새는
　　　바가지는 밖에서도 샌다（内で漏れるひさごは外でも漏れる）ともい
　　　う。바가지の代わりに同じ意味の쪽박を使うこともある。

【参考】바가지（パガジ）とは、乾燥させたヒョウタンを2つに割っ
　　　たもので水を汲む柄杓として使う。今はプラスチック製のものが
　　　多い。

【用例1】영은: 대학 다닐 때, 희수라는 친구 기억나니? 소진: 응,
　　　당연히 알지. 같은 과 선배들한테 매번 돈 빌리고 안 갚기로 유명
　　　했지. 영은: 근데, 이번에 K기업에 입사해서 또 그랬다지 뭐야.
　　　소진: 어머, 집에서 새는 바가지가 들에서도 샌다더니…….
　　　（ヨンウン「大学に通ってたころのヒスという子覚えてる？」ソジン「う
　　　ん、もちろんよ。同じ学科の先輩たちからいつもお金を借りて返さない
　　　子って有名だったよね」ヨンウン「ところが、今度K企業に入社してま
　　　た同じことをしたそうよ」ソジン「あら、家で漏れるパガジは野でも漏
　　　れるっていうわね」）

【用例2】수민: 엄마, 학교 가서는 잘할테니 걱정마세요. 엄마: 그
　　　말을 어떻게 믿니? 안에서 새는 바가지가 밖에서 안 새는 법 있니?
　　　（スミン「お母さん、学校に行ったらちゃんとするから心配しないでよ」
　　　母「そんなこと信じられると思う？ 家の中で漏れるパガジが外で漏れ
　　　ないなんてことあるかしら」）

— 69 —

〔63〕열 길 물 속은 알아도 한 길 사람 속은 모른다
ヨル キル ムル ソグン アラド ハン ギル サラム ソグン モルンダ

十尋の水の底はわかっても一尋の人の胸の底はわからない

【意味】 人の心の奥底を知ることはたいへん難しい。

【用法】「十尋の水の底」は分かりにくいことを強調するために引き
合いに出したもので、열（十）は천（千）に置き換えることもある。

【参考】길（尋）は長さの単位で、一尋は成人が両手を広げた長さで、
ほぼ身長に等しい。縄・釣糸・水深を計るのに使う。

【用例1】소민: 어쩜 좋아, 정말 영수가 나한테 그렇게 거짓말할 줄
몰랐어. 십년지기 친구인데 말야. 진호: 그러게 말야, 열 길 물 속은
알아도 한 길 사람 속은 모른다더니.

（ソミン「どうしよう、本当にヨンスが私にあんな嘘をつくとは思わな
かった。十年来の友達なのに」チノ「まったくだ。十尋の水の底はわかっ
ても一尋の人の胸の底はわからないものだね」）

【用例2】주영: 아주머니, 그 소식 들으셨어요? 이웃집 아저씨가 글
쎄 죄를 지었다지 뭐예요. 아주머니: 정말요? 사람 인상 좋고 늘 착
하기만 하던 사람인데, 설마요. 주영: 열 길 물 속은 알아도 한 길
사람 속은 모른다잖아요.

（チュヨン「おばさん、あのことお聞きになったでしょう？ 隣のおじさ
んが罪を犯したって」おばさん「本当に。印象もいいし、いつもいい人
だったのに、まさかだよね」チュヨン「十尋の水の底はわかっても一尋
の人の胸の底はわからないっていうじゃないですか」）

第4章　空の車がもっとうるさい

〔64〕 벼룩도 낮짝이 있다
（ピョルクット　ナッチャギ　イッタ）

蚤にも面子がある

【意味】厚かましいにもほどがある。

【用法】あまりにも厚かましい行動を非難したり、自制するのに用いる。벼룩（蚤）の代わりに족제비（イタチ）ということもある。

【ポイント】蚤やイタチはまことに迷惑な動物である。勝手に人の血を吸い家禽を食い殺す。しかし、蚤やイタチの仕業にも自ずから程度というものがある。それに引き換え、この手合いの厚かましさときたら、という気持ちである。

【用例1】은수: 이번에 밀린 월세를 어떻게든 마련해 주세요. 진영: 죄송해요. 가게가 장사가 너무 안돼서 이번달 한달만 더 봐 주시면 안될까요? 은수: 나, 원 참……. 벼룩도 낮짝이 있다던데 어떻게 이번에도 그래요?

（ウンス「今度はたまっている家賃を何としても払ってくださいね」チニョン「もうしわけありません。店の方がさっぱりうまくいかないものですから、もう一月だけ待ってもらえませんか」ウンス「まったく、蚤にも面子があるっていうのに、どうして今回もそういえるんですか？」）

【用例2】그 사람은 지금까지 매번 내가 힘들 때마다 도와 주었지만, 그 은혜를 한번도 갚지 못했다. 벼룩도 낮짝이 있다고 이번에 또 도와 달라고는 역시 말을 꺼내기가 어렵다.

（彼はこれまで何度も苦境から救ってくれたが、私はその恩返しを何一つしていない。蚤にも面子があるというように、今度のことでまた助けてくれとはさすがにいいにくい。）

－71－

〔65〕バヌル　ド　ドゥギ　ソ　ドドゥク　トェンダ
바늘 도둑이 소 도둑 된다

針泥棒が牛泥棒になる

【意味】最初はささいな悪癖でも繰り返していると大きな過ちを犯すようになる。

【用法】小さな過ちを許していると、とんでもない悪事を働くことになりかねないから、気をつけなくてはいけないという文脈で用いられることが多い。

【ポイント】針は小さな物、価値のない物のたとえであり、牛は大きな物、価値のある物のたとえである。昔の農家では牛は最も大切な財産であった。

【用例1】수영: 엄마, 잘못했어요. 꽃병을 깬 걸 사실대로 말하면 혼날까 봐 거짓말했어요. 엄마: 거짓말은 나쁜 거야. 바늘 도둑이 소 도둑 된다고 작은 거짓말이 나중에는 큰 거짓말이 된단다.

（スヨン「母さん、ごめんなさい。花瓶を割ったことを正直にいっちゃうと叱られるかと思って、嘘をついてしまった」母「嘘ついてはいけません。針泥棒が牛泥棒になるといって、小さな嘘が後で大きな嘘になってしまうのよ」）

【用例2】그 아이도 처음에는 남의 연필부터 시작해 나중에는 남의 돈까지 손을 대게 되었다. 바늘 도둑이 소 도둑된다는 말처럼 말이다.

（その子も最初は他人の鉛筆から始まって、後には他人のお金にまで手を付けることになった。針泥棒が牛泥棒になるという言葉のとおりであった。）

－72－

第4章　空の車がもっとうるさい

〔66〕걱정도 팔자
コクッチョンド パルッチャ

心配性も定め

【意味】自分とは関係のないことまで心配するのも運命。

【用法】余計なことまで心配する心配性の人をからかったりあきれたりするときに使う。

【参考】팔자（八字）とは、人のもって生まれた運勢や運命のこと。占いの一種の四柱推命学では、四柱（生まれた年・月・日・時間）の干支八文字で運命が決まるという。この占いは、風水（地相や家相を観る術）と並んで、今日でも韓国人の間で根強い人気があり、結婚相手を選ぶときには四柱によって相性を判断してもらう人が多い。

【用例1】유라: 나 어떡하지? 난 너무 예뻐서 대학교 들어가면 남자들이 가만두지 않을 것 같은데...... 지민: 유라야, 세상에 예쁜 여자가 얼마나 많은데 넌 참 걱정도 팔자다.

（ユラ「私、どうしよう？　私はかわいすぎるんで、大学に入ったら、男の人がほっとかないと思うんだけど」チミン「ユラ、この世の中にかわいい人はいくらでもいるよ。あなたときたら心配性も定めだね」）

【用例2】걱정도 팔자라고 하지만 박과장처럼 쓸데없는 걱정만 하는 사람에게 부하직원들은 마음놓고 따를 수가 없다. 때로는 각오를 다지고 과감하게 일에 대처하는 자세도 보여 줘야 할 것이다.

（心配性も定めと言うけれど、朴課長みたいに取り越し苦労ばかりしている人に部下は安心してついて行けない。ときには腹をくくって果敢に事に当たる姿勢も見せてくれないと。）

— 73 —

〔67〕 무소식이 희소식
ムソシギ ヒソシク

無消息が嬉しい消息

【意味】便りが来ないのは特に問題がないからで、むしろよい便りだ。

【用法】先方から連絡がなくて心配しているのを慰めるようなときに
使う。

【ポイント】희소식を漢字で書けば「喜消息」で「嬉しい便り」のこと。
情報の伝達が容易ではなかった昔は、よほどのことがなければ手
紙を出さなかったから、音沙汰なければ無事な証拠でむしろ喜ぶ
べきだということに説得力があっただろう。携帯電話が普及した
今日でも使われるが、意味は軽くなっている。

【用例1】민수: 선호는 군대에 간 지 벌써 한 달이 되어 가는데 연락
도 없네. 잘 지내고 있는지. 지석: 걱정 안 해도 돼. 무소식이 희소
식이니 휴가 받을 때 되면 그때 연락 오겠지.

（ミンス「ソノのやつ、軍隊に行ってもうひと月になるのに音沙汰ないな。
うまくやっているのかな」チソク「心配いらないよ。連絡どころじゃな
いんだろ。便りのないのがよい便りさ。そのうち休暇が取れるようになっ
たら連絡してくるさ」）

【用例2】전에는 얼마 동안 연락이 없더라도 무소식이 희소식이라고
생각했지만, 컴퓨터나 스마트폰이 보급된 지금은 그 말이 통용되
지 않는다. 편리해진 반면 번거로움도 있게 되었다.

（以前はしばらく連絡がなくても、便りのないのはよい便りと考えたけ
れど、パソコンやスマホが普及した今では、その言葉は通用しない。便
利になった反面、煩わしくもなった。）

— 74 —

第4章　空の車がもっとうるさい

〔68〕 번갯불에 콩 볶아 먹는다

（ポンゲップレ コン ボッカ モンヌンダ）

稲光で豆を煎って食う

【意味】動作や行動が非常に素早いことのたとえ。

【用法】行動の早さに驚いたときや、そんなに急ぐことはないと非難するときに使う。また、せっかちで何でもその場でやらないと気が済まないような人をたとえるときにも用いる。

【ポイント】一瞬の稲光で豆を煎って食べるのは、現実にはありえない。ことわざによく見られる誇張表現で、稲光で豆を煎るという発想にはユーモアもある。

【用例1】형: 너 방학 숙제 다 했니? 내일이 개학인데 일기는 다 썼고? 동생: 형, 한 달치 일기 두 시간만에 다 썼어. 대단하지? 형: 정말이야? 우와 번갯불에 콩 볶아 먹듯이 했구나.

（兄「おい、休みの宿題全部やったのか？　明日が始業日だけど、日記は全部書いたのか？」弟「お兄ちゃん、一か月分を二時間で全部書いちゃった。すごいでしょう？」兄「本当か？　うわー、稲光で豆煎って食ったな」）

【用例2】저녁 약속에 늦을까 봐 그녀는 남아 있는 일을 번갯불에 콩 볶아 먹듯이 마무리짓고 헐레벌떡 뛰어 나갔다.

（夜の約束に遅れるかと思い、彼女は残っている仕事を稲光で豆を煎って食うように終わらせると、息せき切って跳びだした。）

— 75 —

コラム──親ことわざ社会

　韓国では日常的にことわざがよく使われている。とはいえ、印象としてそのように感じられるということであって、実際にことわざがどの程度使われているかを調査することはかなり難しい。しかし、大学生くらいになると話の中でことわざを使うことがよくあるように感じられるし、少なくとも違和感はない。

　ドラマの中でもことわざがよく使われる。これは比較的簡単に調べられる。2つの連続ドラマの全放送回分を調べてみたところ、ドラマによってかなり差があるが、毎回1つか2つはことわざが使われている。多い場合には、1回の放送の中で10回も使われていることがある。ドラマの筋にもよるし、作家や脚本家の好みもあるだろうが、多く使われていても特に違和感はなく、ごく日常的な会話のように感じる。このことから、韓国社会は、ことわざが日常的に親しみをもって使われる「親ことわざ社会」であるといえる。

　一方、日本ではことわざが本来の役割を果たしていないような感じがする。古臭い陳腐な表現と感じられているようで、日常の対話の中でもドラマでもあまり好んで使われてはいないようである。テレビでことわざに接する機会といえば、クイズ番組の素材になっている場合が多い。あまり使われないようなのに、多くのことわざ辞典が出版されていて、そこには韓国のことわざ辞典とは違って、意味の解説ばかりでなく、出典、用例、類義ことわざ、対義ことわざなど情報が豊富に載せられている。日本では、ことわざは使うものではなく知るものになってしまっているように感じられる。これもまた一種の「親ことわざ社会」なのかもしれないが、ことわざ好きの韓国人としては少々違和感がある。

第 5 章

小さい唐辛子がもっと辛い

〔69〕 チャグン コ チュ ガ ト メ ブッ タ
作은 고추가 더 맵다

　　　　小さい唐辛子がもっと辛い

【意味】 身体は小さくても気性や才能が鋭く優れているから、侮ることができない。山椒は小粒でもぴりりと辛い。

【用法】 類似のものに고추는 작아도 맵다（唐辛子は小さくても辛い）がある。

【参考】 文化によって差があるかもしれないが、唐辛子は小さい方が辛いかどうかは定かではない。体の小さい人はとかく侮られやすいようである。しかし、いうまでもなく、人の体躯と価値には何の相関関係もない。韓国の食べ物にはキムチをはじめとして唐辛子を大量に用いたものが多い。韓国人にとって最も身近な食材である唐辛子が、ことわざでも重要な役割を果たしている。

【用例１】 성훈: 어제 씨름 경기 봤어? 유나: 응, 봤지. 난 몸집 작은 선수가 큰 선수를 던져서 놀랬어. 성훈: 옛말에 작은 고추가 맵다는 말도 있잖아. 몸집은 작아도 기술력이 좋아서 그래.

（ソンフン「昨日の韓国相撲の試合見た？」ユナ「うん、見たよ。体の小さい選手が大きな選手を投げ飛ばすから、びっくりしちゃった。」ソンフン「昔から小さい唐辛子が辛いっていうじゃない。体が小さくても技があるからさ」）

【用例２】 작은 고추가 더 맵다고 그녀는 아담한 체구에도 불구하고 사내 못지않게 일을 잘 해냈다.

（小さい唐辛子がもっと辛いというが、彼女は小さい体にもかかわらず、男性に負けずに仕事をやり遂げた。）

－ 78 －

第5章　小さい唐辛子がもっと辛い

〔70〕 개천에서 용 난다
（ケ チ ョ ネ ソ ヨ ン ナ ン ダ）

どぶから龍が出る

【意味】地位の低い家から立派な人物が出る。鳶が鷹を生む。

【用法】不遇な環境から立派な人が出たときの常套句。

【ポイント】どぶ川に龍がいるはずはないが、どぶ川のような恵まれ
ない環境に育った者が出世し、名を成すことはある。固定化され
た身分社会においてはそのようなことは極めてまれなことであり、
龍にたとえられるにふさわしいことであっただろう。伝説の神獣
である龍は最高の権威を表すものとして、韓国では古くから王権
や王位の象徴として扱われてきた。

【用例1】미숙: 이장네 딸이 사법고시 합격했다잖아. 영자: 그러게
나 말이야. 온 마을에 그 소문이 자자하네. 학원도 하나 없는 이런
시골에서 경사 났지. 개천에서 용 났지 뭐.

（ミスク「里長さんの娘さんが司法試験に受かったそうじゃない」ヨン
ジャ「そうなのよ。村じゅうその話でもちきり。塾一つないこんな田舎
で、おめでたいことよね。どぶから龍が出るって、このことだわ」）

【用例2】유명한 축구 선수들 중에는 개천에서 용 난 인물이 많다.
세계적인 스트라이커로서 명성 높은 M선수의 경우, 어릴 적 집안
이 가난해서 공을 살 형편이 되지 않아 버려진 공을 주워서 축구를
시작했다고 한다.

（サッカーの有名選手には、どぶから龍が出たような人物が多い。世界
的なストライカーとして名高いM選手の場合、子供のころ家が貧しくて
ボールを買ってもらえず、捨てられたボールを拾ってきてサッカーを始
めたそうだ。）

－79－

〔71〕 누워서 떡 먹기
ヌ ウォ ソ トン モッ キ

寝そべって餅食い

【意味】何の苦もなく楽にできること、簡単なことのたとえ。

【用法】あることを頼まれて気軽に請け合ったり、あることができる
かと問われて、できて当たり前、簡単なことさと自信を持って答
えるときなどに用いられる。

【ポイント】餅は韓国の冠婚葬祭に欠かせないご馳走の代表格であ
る。寝ていて餅を食べるとは安楽な暮らし、苦労のないことのた
とえとなる。類似のことわざに 식은 죽 먹기 (冷めたお粥を食べる
☞ p.81)、땅 짚고 헤엄치기 (地に手をついて泳ぐ) がある。

【用例1】엄마: 창연아, 이 짐 버스 정류장까지 들어다 줄래? 무거
워서 그러는데. 창연: 알았어요, 엄마. 그 짐도 저한테 주세요. 제
가 다 들고 갈게요. 이 정도야 누워서 떡 먹기죠. 저한테 맡겨 주시
라고요.

(母「チャンヨン、この荷物バス停まで持って行ってくれるかい。重い
んだよ」チャンヨン「いいよ、母さん。そっちの荷物も渡しなよ。僕が
みんな持って行くから。これくらい寝そべって餅食いだよ。僕にまかせ
てよ」)

【用例2】재인: 다음주에 도쿄 출장 혼자 가게 됐다던데 혼자 갈 수
있겠어? 민수: 그럼, 처음도 아닌데 그 정도야 누워서 떡 먹기지.
걱정 마.

(チェイン「来週東京に一人で出張するって聞いたけど、一人で大丈夫
なの?」ミンス「もちろん、初めてじゃないから、そのくらいは何でも
ないさ。心配いらないよ」)

第5章　小さい唐辛子がもっと辛い

〔72〕 식은 죽 먹기
（シグン　ジュン　モッキ）

冷めたお粥を食べる

【意味】非常にたやすいことのたとえ。

【用法】文末に이다（～だ）を付けて用いるのが普通であるが、たやすいことをさらに強調する場合には ～보다 더 쉽다（～よりもっと易しい）を付け加えることもある。

【ポイント】お粥が熱いと食べるのに時間がかかるが、冷めると食べやすくなることからできた表現。韓国ではお粥の種類が豊富で日常的に食べる。最近はお粥専門店も多い。同義のことわざに、누워서 떡 먹기（寝そべって餅食い ☞ p.80）、땅 짚고 헤엄치기（地に手をついて泳ぐ）などがある。

【用例1】김 대리: 이렇게 많은 서류를 2일만에 처리하라고 하시니 과장님 제 정신이신지. 영철: 이 정도는 식은 죽 먹기라 아무것도 아닙니다. 오늘 중으로 처리하겠습니다. 그냥 보고만 계십시오.

（金代理「こんなにたくさんの書類を2日で片付けろだなんて、課長正気かしら」ヨンチョル「これしきのこと何でもありません。今日中にやって見せますよ。まあ、見ていてください」）

【用例2】이 계장: 저, 과장님. 엘리베이터 안 타십니까? 윤 과장: 계단으로 갈게. 5층 정도는 식은 죽 먹기지. 헬스장에 다니는데 이 정도쯤이야. 자네도 같이 계단으로 갈까?

（李係長「あれ、課長。エレベーター乗らないんですか」尹課長「階段を上るよ。5階までぐらい冷めたお粥を食べるようなもんだ。ジムに通っているから、これぐらい。君も一緒に階段上るか？」）

— 81 —

〔73〕그림의 떡
クリメットク

絵の餅

【意味】到底叶わない望み。

【用法】かなわない望みをあきらめるとき、あるいはあきらめさせるときによく使われる表現。漢字成語で화중지병(画中之餅)ともいう。

【ポイント】絵に描いた餅は、いくら美味しそうに見えても、実際には食べられない。むしろ見ない方がましで、手に入らないのならあきらめたほうがよいというニュアンスを含む。日本語の「絵に描いた餅」は計画などがもともと実現不可能であることをいう場合が多いが、韓国のことわざの場合は手に入れることができないものの意味で用いられるのが普通で、むしろ「高嶺の花」に近い。

【用例1】현준: 저 모델 출신 연예인이랑 사귀면 얼마나 좋을까? 그럴 수만 있다면 뭐든 다 할텐데 말야. 인호: 말도 안되는 소리 하지마. 그림의 떡일 뿐이야. 꿈 깨라 꿈 깨.

(ヒョンジュン「あのモデル出身の芸能人と付き合えたら、どんなにいいだろう! それさえ叶えば何だってできるのに」イノ「馬鹿いってんじゃないよ。ただの絵に描いた餅だ。眼を覚ませよ」)

【用例2】부모님은 영희에게 전교 1등을 하면 최신 스마트폰을 사준다고 약속하셨지만, 전교 100등인 영희에게는 그저 그림의 떡일 뿐이었다.

(両親はヨンヒに全校でトップになったら最新のスマートフォンを買ってやろうと約束したが、全校100位のヨンヒにとってはまったく絵に描いた餅同然だった。)

— 82 —

第5章　小さい唐辛子がもっと辛い

〔74〕 ボ ギ チョウン ットギ モッ キ ド チョッタ
보기 좋은 떡이 먹기도 좋다

見かけのよい餅は食べてもおいしい

【意味】 見かけのよい物は内容もよい。

【用法】 見た目が肝心であることを強調する場合に用いる。

【参考】 빛 좋은 개살구 （色よいケサルグ ☞ p.84）、보기 좋은 음식이
별수 없다 （見た目のよい料理が大したことない）などのように見か
けはあてにならないとすることわざもあるが、韓国では、このこ
とわざのように見かけを重要視する傾向が強い。

【用例1】 진희: 이 케이크 너무 예쁘네요. 이거 맛있어요? 점원: 그
럼요, 지금 제일 잘 팔리는 거예요. 보기 좋은 떡이 먹기도 좋다잖
아요. 한번 드셔 보세요.

（チニ「このケーキとてもきれいね。味もいいのかしら」店員「もちろ
んです。今一番よく売れています。見かけのよい餅は食べてもよいって
いうじゃありませんか。ぜひ一度召し上がってみてください」）

【用例2】 수희: 뭘로 하지? 희연이 넌 어떤 걸로 할래? 희연: 당연
히 이걸로 하지. 가격도 비슷하고 내용물도 같은데 이왕이면 보기
좋은 떡이 먹기도 좋다고 예쁘게 포장된 이게 더 낫지.

（スヒ「迷っちゃうなあ。ねえヒヨン、あなただったらどっちにする？」
ヒヨン「当然こっちよ。値段で似たようなもので中身も同じなんだし、
見かけのいい餅は味もいいっていうから、どうせ買うんだったらこっち
のきれいに包装されているのがいいわよ」）

— 83 —

〔75〕 빛 좋은 개살구
ピッ チョウン ケ サ ル グ

色のよいケサルグ

【意味】見てくれはとてもよさそうだが、実が伴わないこと。見かけ
　　　倒し。くわせもの。

【用法】빛나는 개살구（輝くケサルグ）ともいう。また、同じ意味で、
　　　빛 좋은 도끼（輝く斧）などの表現もある。

【参考】ケサルグ（和名マンシュウアンズ）は旧満州地方から朝鮮半島
　　　北部に自生する杏（アンズ）の一種で、杏より酸っぱくて渋い。黄
　　　金色の鮮やかな実を付けるが、食用にはまったく適さない。

【用例１】수진: 지은아, 오늘 만난 네 친구는 비싼 옷이랑 가방에 좋
　　　은 차까지 타니 부럽더라. 지은: 뭐가 부러워? 걔는 겉만 번드레
　　　하지, 카드값 갚느라고 맨날 돈 없어서 돈 빌리러 다녀. 수진: 빛
　　　좋은 개살구네.
　　　（スジン「チウン、今日会ったあなたの友達は高い服やカバンを持って
　　　るし、いい車に乗ってるから、うらやましかったな」チウン「何がうら
　　　やましいの。あの子は上辺だけよ。カードの返済でいつもお金がなくて、
　　　借り回ってるわ」スジン「色のよいケサルグなんだね」）

【用例２】백화점에서 사 온 과일바구니는 빛 좋은 개살구마냥 포장
　　　만 그럴싸하고 비쌀 뿐, 과일은 고작 몇 개 밖에 들어 있지 않았다.
　　　（デパートで買ってきた果物のかごは色のよいケサルグみたいで、包装
　　　は立派で、値段も高かったけど、果実はいくつも入っていなかった。）

第5章　小さい唐辛子がもっと辛い

〔76〕 싼 게 비지떡이다

安いのがおからの餅

【意味】安い物は当然品質も悪い。安かろう悪かろう。安物買いの銭
　　失い。

【用法】安く手に入れた物が案の定粗悪品だったときなどに使う。값
　　싼 비지떡（値段の安いおから餅）ともいう。

【参考】おからの餅とはおから入りお焼きのことで、値段は安いが味
　　はまずく、昔は貧しい人の食べものであったが、今ではほとんど
　　口にされない。まずくても安いから文句はいえず、安い物にはそ
　　れなりの理由があることを庶民はわかっている。つまらないもの
　　のたとえにも使われる。

【用例1】은영: 이게 뭐야, 산 지 일주일 밖에 안 된 가방 말인데 벌
　　써 지퍼가 고장난 거 있지. 지현: 어디서 산 건데? 비싼 거야? 은
　　영: 에휴, 길에서 싸길래 산 거야. 싼 게 비지떡이란 말이 맞나 봐.
　　（ウニョン「これどういうこと？　買って一週間しかたってないカバンの
　　ファスナーが壊れちゃうなんて……」チヒョン「どこで買ったの？　高
　　かった？　ウニョン「いや、道端で安かったから買ったのよ。安いのが
　　おからの餅って、その通りだわ」）

【用例2】싼 해외여행 패키지가 나왔길래 휴가를 내고 해외로 놀러
　　갔더니, 싼 게 비지떡이라고 호텔도 엉망이고 음식도 맛이 별로였
　　다.
　　（安い海外パッケージツアーがあったので、休暇を取って海外へ遊びに
　　行ったら、安物買いの銭失いでホテルもひどいし、食事もいまいちだっ
　　た。）

— 85 —

〔77〕 ソムンナン　チャンチエ　モグル　ッコッ　オプッタ
소문난 잔치에 먹을 것 없다

評判の宴会に食べるべきものがない

【意味】 人の噂はあてにならないもので、世間で評判のものがつまらないものであることが多い。名物に旨い物なし。見ると聞くとは大違い。

【用法】 人についても物事についても使われる。

【ポイント】 人がとかく噂に乗せられやすいことは今も昔も変わらない。行列のできる店、口コミで評判のいい店がうまいとは限らない。類義のことわざに、他に소문난 잔치가 비지떡이 두레반이다(評判の宴会がオカラ餅二丁半だ)、이름난 잔치 배고프다 (評判の宴会腹がすく) などがある。

【用例1】 방송매체에서 금세기 최고의 작품이라고 극찬하던 영화를 보고 나서 실망감이 들었다. 거액의 제작비를 들여서 만들었다지만 감동할 부분이 하나도 없었다. 소문난 잔치에 먹을 게 없다는 말이 딱 어울렸다.

（放送メディアが今世紀最高の作品と激賞した映画を見てがっかりした。巨額の製作費をかけたというが、感動を与えるところが一つもない。評判の宴会に食べるものがないという言葉がぴったりだった。）

【用例2】 '줄을 서서 기다리는 맛집'이라고 인기 많은 집을 찾아 갔더니 소문난 잔치에 먹을 것 없다고 소문과는 달리 음식이 형편없었다.

（たいへんな人気で行列ができる店に行ってみたら、評判の宴会に食べるものはないということで、噂と違い料理はさんざんだった。）

— 86 —

第5章　小さい唐辛子がもっと辛い

〔78〕 수박 겉 핥기
　　　スバク コッ ハルッキ

スイカの皮なめ

【意味】内容にまったく頓着せず、形式的に事を行うことのたとえ。

【用法】物事の処理の仕方に誠意がないことを非難するときなどに用
　　いる。類句として꿀 단지 겉을 핥는다（蜜壺の外をなめる）、개가
　　약과 먹는 것 같다（犬がヤッカを食べるみたいだ）などがある。「ヤッ
　　カ（薬果）」は小麦粉にはちみつまたは砂糖水を入れてこね、油で
　　揚げごま油とはちみつを塗った菓子。

【参考】どんな果物でも皮をなめただけでは味はわからないが、スイ
　　カの皮は分厚いだけに、効果的な比喩となっている。ちなみに、
　　韓国でふつう食べられるスイカは形、味ともに日本のものと変わ
　　らないが、中身の黄色いものはない。スイカに塩を付けて食べる
　　習慣もない。

【用例1】채연: 너 내일 기말시험이라던데 공부 안 하니? 수빈: 걱
　　정마. 다 했다니까. 채연: 어떻게 그 많은 걸 다 하니? 수박 겉 핥
　　기 식으로 공부하는 건 의미가 없어.
　　（チェヨン「あんた明日期末試験なのに勉強しないの？」スビン「心配
　　するなって。全部やったんだから」チェヨン「どうやってあんなにたく
　　さんのこと全部やったの？　スイカの皮なめみたいに勉強したって意味
　　ないよ」）

【用例2】정 과장은 김 주임에게 회의록 정리를 부탁했지만, 김 주임
　　은 수박 겉 핥기 식으로 대충 일을 마무리 지었다.
　　（鄭課長は金主任に議事録の整理を頼んだが、金主任はスイカの皮なめ
　　みたいに適当に仕事を終わらせた。）

－ 87 －

〔79〕 개밥에 도토리
（ケ　バ　ペ　ト　ト　リ）

犬のご飯にドングリ

【意味】仲間に溶け込めず孤立している人のたとえ。

【用法】仲間に入れず一人ぼっちでいる人を指していう。개밥의 도토리ともいう。～같이／마냥／처럼（～ように、～みたいに）を後に付けて直喩形式で用いる場合が多い。また、～이다（～だ）～같다（～みたいだ）として文の形式にすることもある。

【参考】韓国ではドングリを食べる。ドングリから採った澱粉をゼリー状に煮固めた묵（ムク）という伝統食品がある。犬は何でも食べるからトトリムク（ドングリのムク）なら食べるだろうが、生のドングリは犬でも食べられないということからできた表現。

【用例１】쉬는 시간에 모두들 라운지에 모여 즐겁게 노는데, 나는 개밥에 도토리마냥 혼자 조용히 앉아 있었다.

（休みの時間にみんなラウンジに集まって楽しく遊んでいるのに、私は犬の飯にドングリのように独り静かに座っていた。）

【用例２】수진: 이번 동창회 모임에 너도 갈 거지? 은하: 나는 친하게 지냈던 친구도 별로 없고, 가도 개밥에 도토리가 될 게 뻔한데 뭘……. 안 가려고 생각중이야.

（スジン「今度の同窓会にあなたも行くでしょう？」ウナ「親しくしていた友達もあまりいないし、行っても犬の飯にドングリになるのに決まっているから……。私は行くのよそうかと思ってる」）

— 88 —

第5章　小さい唐辛子がもっと辛い

〔80〕 배보다 배꼽이 더 크다

腹よりへそのほうが大きい

【意味】バランスがとれない。本末転倒。

【用法】本来の目的から外れ、バランスを欠いていることを指摘する。誇張表現だが、ユーモアもある。

【参考】同じ意味で、他の身体部位を使った次のような表現がある。얼굴보다 코가 더 크다（顔より鼻がもっと大きい）、발보다 발가락이 더 크다（足より足の指がもっと大きい）、눈보다 동자가 크다（目より瞳が大きい）など。また、고추장이 밥보다 많다（コチュジャンがご飯より多い）なども同じ意味の表現である。

【用例1】언니: 미영아, 서울 한국백화점에서 세일을 한다는데 옷 사러 갈래? 동생: 언니, 거기까지 차비가 얼만데. 세일 상품 사려다가 배보다 배꼽이 더 크겠다.

（姉「ミヨン、ソウルの韓国デパートでセールをやってるそうだけど、服を買いに行かない？」妹「お姉さん、そこまで行くのに交通費いくらかかると思う？ セール品を買おうとしてお腹よりおへそのほうがもっと大きくなっちゃうわよ」）

【用例2】윤지: 떡볶이가 먹고 싶어서 내가 해 먹으려고 재료를 샀더니 2만 원이나 나오더라. 혜미: 배보다 배꼽이 더 크네. 차라리 그냥 사 먹는게 더 나았겠다.

（ユンジ「トッポッキが食べたくなって、自分で作って食べようと材料を買ってたら2万ウォンもかかっちゃった」ヘミ「お腹よりおへそのほうがもっと大きいわね。むしろ買って食べてほうがよかったんじゃない」）

— 89 —

〔81〕 호랑이도 제 말하면 온다
ホ ラ ン イ ド チェ マラミョン オンダ

虎の話をすれば虎がやってくる

【意味】 人のうわさをしていると、その人が現れるものだ。うわさを
すれば影がさす。

【用法】 その場にいない人の話をしているときに、当人が現れたとき
に使う。また、その場にいない人の悪口を言ったり、中傷するな
という教えにもなる。

【参考】 漢字語の호랑이を、やはり虎を表す固有語の범に置き換えて
使うこともある。由来は明らかではないが、韓国には、子供が泣
きやまないとき「虎が来る、虎が来る」といって怖がらせて黙ら
せたという昔話があり、このことわざと何らかの関連性があると
思われる。

【用例1】 민아: 민수가 우리반에서 1등을 했다지 뭐야. 소희: 우와!
열심히 공부하더니 대단하다. 민아: 호랑이도 제 말하면 온다더
니, 저기 민수 온다.

(ミナ「ミンスがうちのクラスで1番になったんだって」ソヒ「うわあ、
一所懸命勉強してたけどすごいね」ミナ「虎の話をすれば虎がやってく
るって、向こうからミンスが来たよ」)

【用例2】 엄마에게 새로 오신 선생님에 대해 이야기하고 있었는데,
초인종이 울렸다. 현관에 나가 보니 호랑이도 제 말하면 온다는 말
처럼 선생님이 인사하러 오셨다.

(母さんに新しく来た先生の話をしていたらチャイムが鳴った。玄関に
出てみると、虎の話をすれば虎がやってくるという言葉のように、本当
に先生が新任の挨拶にいらっしゃった。)

― 90 ―

第5章　小さい唐辛子がもっと辛い

〔82〕 밑져야 본전
（ミッチョヤ ボンジョン）

損しても元金

【意味】しくじっても元は取れる。どう転んでも損をすることはない。

【用法】損はしないように計算した上で行動するとき、あるいは損を
することはないと安心させて行動を促すときに用いる。

【ポイント】「損をしても元金は残る、取れる」の省略であると考え
られるので、矛盾をはらんだ表現にも見えるが、利益も損害もな
い状況をいう。人生一か八かの勝負に出なければならないことも
稀にはあるだろうが、いつもそんなことばかりしていたのでは身
の破滅を招くのが落ちである。堅実に行動することが肝心である。

【用例1】마땅히 내세울만 경력이 하나도 없지만 밑져야 본전이라
생각하고 그 회사에 이력서를 내 봤다.

（これという経歴が一つもないけど、損しても元金だと思い、その会社
に履歴書を出してみた。）

【用例2】김 대리: 과장님, 이번 S그룹과의 계약이 안 되면 어떻게
하죠? 정 과장: 김 대리, 너무 걱정 말아. 계약이 안 돼도 우리측
에선 손해 볼 게 없으니 밑져야 본전인 셈이야.

（金代理「課長、今度のSグループとの契約がうまくいかなかったらど
うしましょう？」鄭課長「金代理、そんなに心配することはないよ。契
約が成立しなくてもこっちが損をすることはないから、損しても元金と
いうわけさ」）

— 91 —

〔83〕 아닌 밤중에 홍두깨
アニン バムッチュンエ ホンドゥッケ

真夜中に綾巻の棒

【意味】予期しないことをだしぬけに持ち出すこと。あるいはそのような目に遭うこと。藪から棒。

【用法】後ろに 내밀듯（出すように）と続けることもある。아닌 밤중에는、그믐밤에（晦日の夜に／闇夜に）ともいう。

【ポイント】綾巻の棒とは、砧を打つとき衣類を巻きつける長くて太い木の棒のこと。かつて韓国では、洗った衣類や織物のしわを伸ばしたり柔らかくするために、砧を打った。

【用例１】어젯밤 조용히 자고 있는데 아래층에 사는 남자가 시끄럽다고 우리집에 와서 고래고래 소리를 질렀다. 우리집이 아닌 것을 알고 사과하고 돌아갔지만 아닌 밤중에 홍두깨도 분수가 있지. 시끄럽다고 말하고 싶은 사람은 나다.

（昨夜静かに寝ていたところに階下の住人だという男がうるさいと怒鳴り込んできた。勘違いだとわかって謝って帰って行ったが、真夜中の綾巻の棒にもほどがある。うるさいと言いたいのはこっちのほうだ。）

【用例２】수철: 진우야 마침 잘 만났다. 백만 원 좀 빌려 줄래? 다음주에 갚을게. 진우: 뭐, 아닌 밤중에 홍두깨마냥 갑자기 빌려 달라고 해도 그 큰 돈 지금 없지. 먼저 어디에 쓰려고 그러는지 말해 봐.

（スチョル「チヌ、いいところで会った。百万ウォン貸してくれないか? 来週必ず返すから」チヌ「藪から棒に貸せと言われたって、今そんな金持ってないよ。まず、何に使うんだか、わけを言えよ」）

— 92 —

第5章　小さい唐辛子がもっと辛い

〔84〕옷이 날개
（オ　シ　ナルゲ）

衣服が翼

【意味】身なりで人の値打ちが変わる。つまらない人でも身なりをよくすれば立派に見える。馬子にも衣装。

【用法】身なりに気を使うべきことを説いたり、いつもと違う立派な身なりをした人を褒めたりからかったりするときに用いる。

【参考】服と翼の関係は確かではないが、昔話の「仙女と木こり」（日本の羽衣伝説に当たる）の仙女（天女）の羽衣と関係があると考えられる。仙女にとって、羽衣は天に帰る翼のようなものであった。外見や見た目に関心が多い韓国人にとってよく使われることわざ。

【用例1】태희: 오빠, 어때? 이 원피스 잘 어울려? 민철: 우와, 집에서 맨날 편한 트레이닝복만 입고 있다가 이렇게 잘 차려 입으니 정말 예쁘네. 그래서 옷이 날개라고 하는구나.

（テヒ「お兄さん、どう？　このワンピースよく似合ってる？」ミンチョル「わあ、家でいつも楽なジャージばかり着ているのに、こんなにめかし込んだら本当にかわいいね。それで服が翼というんだな」）

【用例2】옷 가게에 들어가서 마음에 든 옷을 한번 입어 봤다. 그러자 옷 가게 점원이 옷이 날개라며 그 옷을 입으니 얼굴이 확 산다고 했다.

（洋服店に入って気に入った服を試着してみた。そうしたら、店員に服が翼でその服を着ると顔がぱっと明るくなると言われた。）

— 93 —

コラム──ことわざと外国語教育

　著者が韓国の大学で日本語を習ったとき教科書にいくつかのことわざが紹介されていて強く興味を引かれた記憶がある。ことわざは慣用表現の一種であるが、単なる慣用表現とは違って、そこには民衆の知恵が込められていると感じさせる何かがある。そのため、外国人にとっては特別な興味を引くことが多く、学習意欲を高める素材であると言える。

　実際、外国人に対する韓国語教育では、ことわざがかなり積極的に活用されている。現在出版されている外国人向け韓国語教科書の多くに、学習素材としてことわざが登場し、中にはことわざを紹介するための特別なコーナーを設けているものもある。

　教科書だけではなく、能力検定試験でもことわざが出題素材として扱われている。日本で行われている検定試験には『韓国語能力試験』と『「ハングル」能力検定試験』があるが、そのどちらでもことわざが出題素材として規定されていて、毎回かなりの数のことわざが出題されている。

　これに対して、外国人向けの日本語教育ではどうかというと、ことわざにはほとんど関心が払われていないようである。教科書にも能力試験にもことわざが素材として扱われることはほとんどない。それにはそれなりの理由があるだろうが、著者にとっては少し寂しい気持ちがする。ちなみに、著者が大学で使った日本語の教科書は韓国で出版されたものであった。韓国では外国語教育とことわざは密接に結びついているようである。

第6章

二人で食べていて
一人が死んでも分からない

〔85〕 둘이 먹다가 하나가 죽어도 모르겠다
（トゥリ モクタガ ハナガ チュゴド モルゲッタ）

二人で食べていて一人が死んでも分からない

【意味】食べ物が非常においしい。ほっぺたが落ちるほどおいしい。

【用法】食べ物がびっくりするほどおいしいときに使う。

【ポイント】あまりにおいしくて夢中になって食べているものだから、一緒に食べていた人が死んでも気づかないほどおいしいという、ことわざによく用いられる誇張表現。

【用例1】명호: 점심은 어디서 먹을까? 수철: 냉면 어때? 내가 맛있는 집 아는데. 명호: 정말 맛있는 곳이야? 수철: 맛있고 말고. 둘이 먹다가 하나가 죽어도 모를 정도로 맛있다니까. 빨리 가자.

（ミョンホ「昼はどこで食べる？」スチョル「冷麺はどうだ？　俺がうまい店知ってるけど」ミョンホ「本当にうまいところなのか？」スチョル「うまいのなんのって、二人で食べていて一人が死んでも分からないくらいうまいんだから。さあ、早く行こう」）

【用例2】내 고향에 오리고기로 유명한 식당이 있다. 오리고기 못지않은 별미가 주인 아줌마가 만드시는 게장이다. 둘이서 먹다가 하나가 죽어도 모른다는 말을 실감할 정도로 맛있다. 설마 죽지는 않지만 먹는 데 열중해서 같이 있는 사람을 모를 정도다.

（私の故郷にアヒル料理で有名な食堂がある。アヒル肉に劣らない絶品が主人のおばあさんの作るケジャンだ。二人で食べていて一人が死んでもわからないという言葉に納得がいくほど美味しい。まさか死にはしないけど、食べるのに夢中になって同席者がいることを忘れてしまうほどだ。）

第6章　二人で食べていて一人が死んでも分からない

〔86〕금강산도 식후경
(クムガンサンド シックギョン)

金剛山も食後の景色

【意味】 どんなに良いことや面白いことでも、お腹がすいていたので
は十分に楽しむことはできない。

【用法】 何かする前にまず腹ごしらえをしてからというときに使われ
る。よく「花より団子」と対比されるが、むしろニュアンスや用
法は「腹が減っては戦ができぬ」に近い。

【参考】 金剛山（クムガンサン）は、特に紅葉で有名な朝鮮半島随一
の景勝の地。現在は北朝鮮だが、ソウルからも比較的近い。金
大中大統領時代に南北和解が進み1998年に観光訪問が許可され、
2008年に中断されるまでに延べ200万人近くが訪問した。その金
剛山の景色も空きっ腹では堪能できない。食べることを大事にす
る韓国人が、日常よく使うことわざである。

【用例1】 진우: 서현아, 노래방 가자. 너 노래방 좋아하지? 서현:
좋지. 근데 금강산도 식후경이라고 노래방도 좋지만 밥이나 먹고
나서 가자.

（チヌ「ソヒョン、カラオケ行こう。お前カラオケ好きだろ？」ソヒョン「い
いよ。だけど、金剛山も食後の景色じゃないの。カラオケもいいけど、
その前に何かうまい物食べようよ」）

【用例2】 케이블카가 정상에 도착하자마자 친구들은 식당으로 달려
갔다. 금강산도 식후경이라고 할까.

（ケーブルカーが頂上に着くがはやいか、友人たちは食堂にかけ込んだ。
金剛山も食後の景色ということか。）

－ 97 －

〔87〕먹을 때는 개도 안 건드린다

食べるときは犬でも触らない

【意味】食べ物を食べるときだけは殴ったり叱ったりするものでない。

【用法】食事中に文句をいったり叱ったりする人を諫める言葉。건드린다の代わりに 때린다（叩く）を使うこともある。

【ポイント】いくらおとなしい犬でも食べているときに手を出せば噛み付きかねない。人間も同じで、食べるときぐらいは心穏やかに食べたいものだ。食べることを大事にする韓国ならではのことわざである。

【用例１】맛있게 점심을 먹고 있는 영수에게 엄마가 시험성적에 대해 잔소리를 늘어놓자 "먹을 때는 개도 안 건드린다잖아요"라며 영수가 말했다.

（おいしくお昼を食べているヨンスに母が試験の成績について小言をいうと、食べるときは犬でも触らないというんじゃないとヨンスがいった。）

【用例２】수지: 민아야, 나 화가 나서 못 살겠어. 지금 당장 영진이한테 가서 따져야겠어. 민아: 수지야, 니 마음은 알겠지만 지금은 영진이가 밥 먹고 있으니까 조금 있다가 가는 게 좋겠어. 밥 먹을 때는 개도 안 때린다잖니.

（スジ「ミナ、私本当に腹が立ってどうしようもないの。今すぐヨンジンのところに行って聞いてみるわ」ミナ「スジ、あなたの気持はわかるけど、今はヨンジンはご飯を食べてるから後にしたほうがいいわよ。ご飯を食べる時は犬でも叩かないっていうから」）

第6章　二人で食べていて一人が死んでも分からない

〔88〕산 사람 입에 거미줄 치랴
サン　サラム　イ　ベ　コ　ミジュル　チリャ

生きている人の口にクモの巣が張ろうか

【意味】どんなに暮らしが貧しくても、何とか食べていけるものだ。

【用法】末尾は反語的に用いられた古風な疑問形になっているが、거미줄 못 친다（クモの巣はかけられない）や거미줄 치는 법은 없다（クモの巣が張ることはない）の形も用いられる。口にクモの巣が張るとは、何も食べていないということ。また、입（口）を목구멍（喉）に置き換えていうこともある。生きている限り何か食べなければならないから、クモの巣が張る道理がないわけである。

【ポイント】貧しすぎれば食べるのに困ることもあるはずなのに、韓国人は食べることに関して楽天的である。理屈抜きに、生きていれば何とか食べて行けると考える生命力があるといえよう。

【用例1】지호: 이번에 사기를 당해서 전재산을 다 날렸다. 나 어쩌면 좋냐? 상우: 야, 걱정 마. 전재산을 다 날렸다고 설마 산 사람 입에 거미줄 치겠냐?

（チホ「今回詐欺にあって財産を全部失った。俺はどうすればいいんだ？」サンウ「チホ、心配するな。財産を全部失ったからといって、まさか生きている人の口にクモの巣は張らないよ」）

【用例2】최 사장은 사업에 실패하고 마음을 추스르며 생각했다. 그 돈 없다고 산 사람 입에 거미줄 치는 법은 없다고 말이다.

（崔社長は事業に失敗した後で、気を取り直して思った。その金がないからって、生きている人の口にクモの巣は張らないものだと。）

〔89〕목구멍이 포도청
モクックモンイ　ポドチョン

喉が捕盗庁

【意味】食べていくためには悪いこともせざるを得ない。

【用法】悪事を働いても仕方がないほど生活に窮している状況を指していう。

【参考】포도청（捕盗庁）は李朝時代、夜間に巡回して犯罪を取り締まるために都に設置された官庁で、現在の警察庁に当たる。捕盗庁に捕まれば重い罰を受ける怖い所だが、もっと怖いのは飢えである。人は食べられないと悪事を犯してしまう。喉が捕盗庁のように悪い心を抑えているというたとえから生まれたことわざであると思われる。

【用例１】민수: 오늘도 야근이야? 저번주 주말에도 출근했다면서? 쉬엄쉬엄해. 은혁: 식구가 다섯이니, 목구멍이 포도청이라고 쉴틈 없이 일해야거.

（ミンス「今日も残業かい？ 先週の週末も出勤したんだって？ 休み休みやりなよ」ウンヒョク「家族が５人だから、喉が捕盗庁で休む間もなく働かなければならないんだよ」）

【用例２】사원 1: 우리 부서 박민호 씨 말이야. 기밀문서를 다른 회사에 넘겨서 이번에 경찰서에 붙잡혔다네. 사원2: 큰일 저질렀구만. 아이가 난치병이라 생활이 힘들다고 들었는데, 목구멍이 포도청이라 그랬을 거야.

（社員１「うちの部署の朴民浩さんだけど。極秘資料をよその会社に渡して警察に捕まったそうだ」社員２「大変なことをしでかしたものだ。子供が難病で生活にひどく困っていたとは聞いていたけど。喉が捕盗庁というわけか」）

－ 100 －

第6章　二人で食べていて一人が死んでも分からない

〔90〕수염이 석 자라도 먹어야 양반

髭が三尺でも食べてこそ両班（ヤンバン）

【意味】どんなに立派な人でも、暮らしが成り立ってこそ意味がある。
　　人にとって食べていけることが最も大事だ。

【用法】석 자（三尺）に替えて대 자（五尺）を用いることもある。また、
　　나룻이 석 자라도 먹어야 생원（髭が三尺でも食べてこそ儒者）とも
　　いう。

【参考】両班とは、昔の官僚機構、支配機構を担った階級で、長いひ
　　げがトレードマークであった。しかし、両班ならみな官職に就け
　　たわけではなく、貧乏な両班も多かった。

【用例1】민준: 그런 걸 어떻게 먹어? 난 절대 안 먹을 거야. 현아:
　　뭔 소리 하니? 넌 호강만 하고 살아서 그런가 보다. 배 고파도 난 모
　　른다. 수염이 석 자라도 먹어야 양반이야.

　　（ミンジュン「そんなものをどうやって食べるんだ。俺は絶対食べないよ」
　　ヒョナ「何言ってるの。あなたは贅沢ばっかりしてきたからね。お腹が
　　すいても私は知らないわよ。髭が三尺でも食べてこそ両班よ」）

【用例2】지현: 신 과장님 말이야. 집안이 한 집안한다고 자랑만 해
　　서 싫어. 혜인: 집안이 뭐? 빚더미로 옴짝달싹 못하고 생활이 쪼들
　　린대. 자기가 무슨 대단한 사람이라고? 수염이 석 자라도 먹어야
　　양반이야.

　　（チヒョン「申課長ったら、家柄が良いことを鼻にかけてばかりいて嫌
　　な人ね」ヘイン「家柄が何よ。借金で首が回らなくって、家計は火の車
　　だそうよ。何様だと思ってのかしら。髭が三尺でも食べてこそ両班よ」）

－ 101 －

〔91〕 시장이 반찬
シジャンイ パンチャン

ひもじさがおかず

【意味】空腹のときはどんなものでもおいしく食べられる。空き腹に
　　まずいものなし。

【用法】お腹が空いて食べられるものであればなんであってもかまわ
　　ないような場合に使う。また粗末なおかずに対する不満を抑える
　　のにも用いる。

【参考】この시장はひもじさの意味だが、「市場」と同じ綴りなので、
　　「市場がおかずだ」と誤解する若者もいるという。おそらくユーモ
　　アを狙った意図的な誤解であろうが、ことわざの用法としてはそ
　　れもまた面白い。類句に시장이 팥죽（ひもじさが小豆粥）がある。

【用例１】찬밥을 김치에 허겁지겁 먹던 윤수는 세상에서 제일 맛있
　　다며 밥 한 공기를 순식간에 비웠다. 그도 그럴 것이 윤수는 하루
　　종일 굶어서 시장이 반찬이었기 때문이다.

　　（冷たいご飯をキムチだけでかきこんでいたユンスは、この世にこんな
　　旨いものはないといいながら、あっという間に一杯平らげた。それもそ
　　のはず、ユンスは一日中何も食べてなくて、ひもじさがおかずだったの
　　だ。）

【用例２】아내: 여보, 찬호가 음식을 너무 가려서 문제예요. 남편:
　　더 운동시키고 간식을 못 먹게 하면 어때? 배가 고프면 뭐든지 맛
　　있게 먹겠지, 뭐. 시장이 반찬이라 하지 않소.

　　（妻「あなた、チャノったら好き嫌いがひどくてこまるわ」夫「もっと
　　運動させて間食しないようにしたらどうだ？　腹がすいてれば、何だっ
　　て美味しく食べるさ。ひもじさがおかずっていうじゃないか」）

― 102 ―

第6章　二人で食べていて一人が死んでも分からない

〔92〕 꿩 대신 닭
（クォン デシン タク）

雉の代わりに鶏

【意味】似たもので代用する。

【用法】目当てのものがないので似たもので代用するときに使う。物だけではなく人についてもいう。

【参考】昔、正月料理の떡국（雑煮）には雉の肉を入れる習わしがあった。雉肉は味がよく、当時の人々は雉を天の鶏と呼び、天神の使者として珍重した。庶民の家では雉肉は高価で手に入れにくいため、代わりに鶏を雑煮に入れたことに由来する表現とされる。

【用例1】미경: 구렬아, 주말에 미라하고 점심 약속 있다더니 어땠어? 구렬: 그게 말이야. 미라한테 그 날 갑자기 일이 생겼다고 연락이 왔어. 식당을 예약해 둬서 꿩 대신 닭이라고 동생이랑 가서 먹었어.

（ミギョン「クリョル、週末にミラとお昼を約束したって言ってたけど、どうだったの」クリョル「それがさ、当日になって急に都合が悪くなったってミラから電話があったんだ。予約してたから、雉の代わりに鶏ということで妹と食べたよ」）

【用例2】일요일에 한라산에 오르려고 준비했는데, 일기예보에서 제주도 지방은 폭우라 해서 취소하고 꿩 대신 닭인 격으로 북한산에 갔다 왔다.

（日曜日に漢拏山（ハルラサン）に登ろうと思って用意してたが、天気予報で済州島地方は豪雨だというから取りやめて、雉の代わりに鶏で北漢山（プッカンサン）に行って来た。）

〔93〕 꿩 먹고 알 먹기
ックォン モッ コ アル モッ キ

雉も食い卵も食う

【意味】一つのことをして二つ以上の得をする。一挙両得。一石二鳥。

【用法】末尾の먹기を먹고（食べ）や먹는다（食べる）のように適宜
活用して用いることが多い。알로 먹고 꿩으로 먹는다（卵で食べて
雉で食べる）ともいう。

【ポイント】雉を食べたら、卵も入っていたということから出た表現。
類義のことわざに、굿도 보고 떡도 먹는다（クッも見るし餅も食う）、
배 먹고 이 닦기（梨を食べて歯を磨く）などがある。

【用例1】서현: 어제 오랜만에 방청소했는데 엄마한테 용돈 받았어.
지수: 정말? 좋겠다. 서현: 그거뿐이 아니야. 청소하다가 잃어버
린 줄 알았던 돈도 찾았거든. 지수: 그랬어? 꿩 먹고 알 먹기가 따
로 없잖아. 그럼 오늘 한턱 내야겠네.

（ソヒョン「昨日久しぶりに部屋の掃除をしたら、母さんに褒められて
お小遣い貰っちゃった」チス「それはよかったわね」ソヒョン「それだ
けじゃないのよ。掃除してたら、失くしたと思ってたお金も見つけたの
よ」チス「本当？ 雉も食い卵も食べたじゃないの。それじゃ、今日は
何かおごってくれなきゃ」）

【用例2】그녀는 그 문제를 해결해서 프로젝트를 성공시켰을 뿐만
아니라, 그 덕에 승진까지 했으니. 그야말로 꿩 먹고 알 먹기 아닌
가.

（彼女はその問題を解決してプロジェクトを成功させただけではなく、
そのおかげで昇進までしたのだから、まさに一石二鳥ではないか。）

― 104 ―

第6章　二人で食べていて一人が死んでも分からない

〔94〕개똥도 약에 쓰려면 없다

犬の糞も薬にしようとするとない

【意味】普段は気にもとめないありふれたものでも、必要になって、いざ探すとなるとなかなか見つからない。

【用法】今その場で必要なものが見つからないときによく使われる。

【ポイント】「犬の糞」ありふれたもののたとえ。韓国語のくだけた会話では똥（糞）がよく使われ、韓国人にとってあまり抵抗感のない語である。ことわざにも똥がよく登場し、韓国のことわざの語彙的特徴の一つとなっている。

【用例１】성주: 여보세요. 인호 씨 전화번호 좀 가르쳐 줄래요? 재인: 네, 받아 적으세요. 성주: 잠깐만요, 그 흔한 종이랑 펜이 보이지 않네요. 재인: 개똥도 약에 쓰려면 없다는데 제가 문자로 보낼게요.

（ソンジュ「もしもし、ちょっとイノの電話番号おしえてくれませんか？」チェイン「はい、いいますから書き留めてください」ソンジュ「ちょっと待ってください。いつもあるのに紙とペンが見当たりません」チェイン「犬の糞も薬にしようとするとないものだから、私が携帯の方に送りますよ」）

【用例２】개똥도 약에 쓰려면 없다더니, 핸드폰을 두고 와서 공중전화에서 전화를 하려고 하니 십원짜리 동전이 오늘따라 통 보이지 않네.

（犬の糞も薬にしようとするとないっていうけど、携帯を忘れちゃって公衆電話で電話をしようとしたら、10ウォン玉が今日に限って一つもない。）

－ 105 －

〔95〕 약방에 감초
^{ヤク バン エ カムチョ}

薬屋に甘草

【意味】 どんな場所にも、どんなことにも決まって顔を出すような人
のたとえ。

【用法】 この形の後に이다（～である）や처럼/마냥（～のように）を
伴って用いることが多い。プラスの評価ばかりでなく、「出しゃば
り」のようなマイナスのイメージで使われることもある。

【参考】 甘草（かんぞう）は根に強い甘味成分を持つ植物。解毒、去
痰などの薬効があり、苦みを緩和する効果もあるので、多くの漢
方薬に入っている。

【用例１】 우리 친구들 사이에서는 약방에 감초인 진수는 친구들 결
혼식때는 항상 사회를 보면서 분위기를 한껏 즐겁게 만들어 주었
다.

（薬屋の甘草のチンスは、友達の結婚式の時はいつも司会をやって結婚
式の雰囲気を盛り上げてくれた。）

【用例２】 가인: 과장님, 이번에 주말 등산모임에는 못 갈 것 같습니
다. 부득이한 사정이 생겨서요. 과장: 그건 안되는데, 우리 가인
씨는 약방에 감초라 가인 씨가 있어야 분위기가 확 사는데 말야.
아쉽네.

（カイン「課長、今度の週末の登山会には行けそうにありません。よん
どころない事情が生じたものですから」課長「それはまずいね。カイン
さんは薬屋に甘草だから、君がいてこそ雰囲気が盛り上がるのにね。残
念だな」）

— 106 —

第6章　二人で食べていて一人が死んでも分からない

〔96〕소 귀에 경 읽기

牛の耳に経読み

【意味】鈍い者や聞こうとしない者は、いくら道理をいって聞かせて
　も無駄だ。馬の耳に念仏。

【用法】道理のわからない人、呑み込みの悪い人あるいは聞く耳を持
　たない人を指して使う。소（牛）は同じ意味の쇠と綴られること
　もある。

【ポイント】牛にありがたいお経を読んで聞かせたところで、何の役
　にも立たない。それと同様に、人の話をまともに聞くことのでき
　ない人は意外に多いものである。

【用例1】엄마: 준호야, 제발 게임 좀 그만 하고 공부 좀 해라. 숙제
　있잖니? 딸: 엄마, 말해 뭐 해요. 소 귀에 경 읽기예요. 게임에 저
　렇게 빠져 있는데 무슨 공부를 하겠어요?

　（母「チュノ、お願いだからゲームはやめて少しは勉強もしなさい。宿
　題あるんでしょ？」娘「お母さん、言ったって無駄よ。牛の耳に経読みよ。
　あんなにゲームにはまってるのに勉強なんかするわけないでしょ」）

【用例2】자기가 먹고 난 컵은 뒷정리를 해 달라고 몇 번이나 부탁했
　음에도 불구하고, 소 귀에 경 읽기마냥 박 주임은 여전히 자기가
　마신 컵을 그대로 놔 두었다.

　（自分で使ったコップは後片付けをしてくださいと何度もお願いしたの
　に、馬の耳に念仏で、朴主任は相変わらず使ったコップを放りっぱなし
　にしていた。）

— 107 —

〔97〕 モルヌン ゲ ヤク
모르는 게 약

知らないのが薬

【意味】知らなければ心配することもないが、なまじ知れば心配事が
増えてよくない。知らぬが仏。聞けば気の毒見れば目の毒。

【用法】余計なことを知りたがる人をたしなめたり、知らないでいる
のがよいとする場合などに用いる。모르면 약이요 아는 게 병이다
（知らないのが薬、知るのが病）ともいう。「知らぬが仏」はおおむ
ね揶揄的に用いられるが、韓国のことわざの方は、「薬」という表
現が使われていることからもわかるように、知らないでいること
を勧める意味合いが強い。

【ポイント】知ることは生き抜くために重要なことであるけれども、
知ることが常によいとは限らない。知らなくてもよいことがある
し、知らない方がよい場合もある。情報化社会といわれる現代でも、
度を過ぎた好奇心は不幸を招くことがあり、このことわざの知恵
は生きている。

【用例１】아내: 여보, 회사에서 무슨 안 좋은 일 있었어요? 말 좀 해
봐요. 남편: 당신 마음은 알겠지만, 말 못할 그만한 이유가 있어서
못하니 모르는 게 약이야.
（妻「あなた、会社で何かあったんですか。ちょっと話してください」夫「気
持ちはわかるけど、わけあって話さないことだってあるんだから、知ら
ない方が薬だよ」）

【用例２】모르는 게 약이라 괜히 알게 되면 걱정만 하는 경우도 있으
니 모르는 편이 속이 편할 지도 모른다.
（知らぬが薬で、知れば心配になるだけの場合もあるから、知らない方
がいいかもしれない。）

— 108 —

第6章　二人で食べていて一人が死んでも分からない

〔98〕 우물에 가서 숭늉 찾는다

井戸に行ってお焦げ湯を求める

【意味】物事の順序をわきまえずにせっかちに行動することのたとえ。

【用法】ユーモラスな誇張表現で、あまりに性急に結果を求める人に対して、そんなにせかさないでと制したり、せっかちな人を揶揄するのに用いる。찾는다（求める）を 달란다（くれという）に替えたり、급하기는（気の早いことには）と前置きして末尾を찾겠다／달라겠다（求めそうだ／くれといいそうだ）とすることもある。

【参考】お焦げ湯とは、ご飯を炊いてできたお焦げに水を加えて温めたもの。韓国では、食後のお茶代わりにお焦げ湯を飲む習慣がある。お焦げ湯を飲むためには、まず井戸から組んだ水でご飯を炊かなければいけないのに、井戸に行ってお焦げ湯を求めるというのはせっかちなことこの上ない。

【用例１】수민: 아침에 부탁한 거 다 했어? 지수: 급하기는 정말 우물에 가서 숭늉 달라겠네. 그게 금방 되는 일이야? 뭐든지 순서라는 게 있는 법이야.

（スミン「今朝頼んだことやってくれたか？」チス「せっかちだな、まったく。井戸に行っておこげ湯をくれってか。そんなのすぐにはできないよ。ものには順序というものがある」）

【用例２】이 프로젝트는 신중하게 준비할 필요가 있다. 쉽게 결과만 얻으려고 우물에 가서 숭늉을 찾는 어리석음은 피해야 한다.

（このプロジェクトには慎重な準備が必要だ。安易に結果を求めて、井戸に行ってお焦げ湯を求めるような愚を犯してはならない。）

〔99〕 서울 가서 김서방 찾기

ソウルに行って金さんを探す

【意味】いい加減な情報だけでやみくもに探し回ることのたとえ。情報不足で探し当てるのは困難あるいは不可能だということ。

【用法】서울の代わりに한양(漢陽)を使うこともある。文末は찾는다（探す）の形にすることもあり、強調する場合にはさらに〜보다 더 어렵다（よりもっと難しい）と付け加えることもある。

【参考】ソウルは、現在では韓国の首都を表す固有名詞だが、ここでは「都」の意。李朝時代の都は漢陽であった。서방（書房）とは名字に付けて官職のない人を呼ぶ語で「〜さん」に当たる。日本では姓が数えきれないほどあるが、韓国の姓は非常に少なくて300弱しかなく、その中で最も多いのが김（金）で、およそ5人に1人は김姓である。

【用例１】지희: 그 사람 한 번 밖에 안 만났다면서? 어떻게 찾으려고? 하영: 광주에 산다고 했고, 아무튼 엄청 잘생겨서 광주에 가면 어떻게 되겠지. 지희: 그러면 서울에서 김서방 찾는 거지.

（チヒ「その人、一度しか会ってないのにどうやって探すの？」ハヨン「光州に住んでるといってたし、とにかくすごいイケメンなんだから、光州に行けば何とかなるでしょ」チヒ「それじゃ、まるでソウルで金さんを探すみたいなもんだ」）

【用例２】검정색 승용차라는 목격자 정보만으로 뺑소니차를 찾기에는 서울에서 김서방 찾는 격이었다.

（黒い乗用車という目撃情報だけで引き逃げした車をつきとめるのは、ソウルに行って金さんを探すようなものだった。）

― 110 ―

第6章　二人で食べていて一人が死んでも分からない

〔100〕같은 값이면 다홍치마
（カトゥン　カプシミョン　タ　ホン　チ　マ）

同じ値段なら紅いチマ

【意味】同じようなものの中からひとつを選ぶなら、少しでも良い方を選ぶことのたとえ。

【用法】似たようなものの中から慎重にひとつを選ぶ場合や、あるいは特定のものを選ぶにはそれなりのわけがあるという場合に用いる。

【参考】チマは韓国の民族衣装で女性が履くスカート（裳）のことを指す。同じ意味で동가홍상（同価紅裳）という四字熟語もある。韓国では、伝統的に明るく華やかな紅いチマは未婚の女性が着るもので、生娘を象徴する。青いチマは妓生（キーセン）や年若い未亡人が着るものとされていた。

【用例1】우진: 야, 넌 항상 같은 편의점에서 물건을 사는 것 같은데 왜 그러냐? 민혁: 뭐, 그 가게 아르바이트하는 여자애가 예쁘니까 그렇지. 같은 값이면 다홍치마라고.

（ウジン「お前いつも同じコンビニで買物するみたいだけど、どうしてだい？」ミニョク「なに、あの店のバイトの女の子がかわいいからさ。同じ値段なら紅いチマということ」）

【用例2】지수: 벌써 몇 번째 가게니? 배도 고프고 다리도 아프다. 그냥 대충 마음에 든 걸로 골라. 수영: 같은 값이면 다홍치마라고, 여러 군데 다 둘러보고 가장 좋은 물건으로 구입할 거야.

（チス「もう何軒目なの？　お腹も空いたし、足も痛いよ。もう適当に気に入ったものに決めれば？」スヨン「同じ値段なら紅いチマっていうから、いろいろお店を回ってから一番いい物を買うわ」）

－ 111 －

コラム──ことわざの表現

　日本語のことわざが古風な表現（文語調）を好むのに対して、韓国語のことわざはほとんどが日常的表現と文体的に変わりがない。以前に日本と韓国でよく知られていることわざ上位約 500 件について調べてみたところ、日本のことわざでは 31.6% が古風な表現であったのに対して、韓国のことわざではその比率が 4.6% にすぎなかった。

　次のような日韓で共通することわざの場合、日本のものはいずれも古風な表現であるのに対して、韓国のものは日常的な表現である。

井の中の蛙（かわず）	우물 안 개구리（井戸の中のカエル）
百聞は一見に如かず	백 번 듣는 것이 한 번 보는 것만 못하다（百回聞くのが一回見るのに及ばない）
灯台下暗し	등잔 밑이 어둡다（灯台の下が暗い）
良薬口に苦し	좋은 약은 입에 쓰다（良い薬は口に苦い）
知らぬが仏	모르는 게 약이다（知らないことが薬だ）
虎穴に入らずんば虎子を得ず	범굴에 들어가야 범을 잡는다（虎の穴に入らなければ虎は捕えられない）

　このような表現上の違いは、日本のことわざが表現を固定化させる傾向が強く古い形のものがそのまま言い伝えられてきていることが多いのに対して、韓国のものは表現形式にこだわりがなくそれぞれの時代の表現に言い換えられてきたためではないかと考えられる。実際、日本のことわざは表現のバリエーション（異形）が少ないのに対して、韓国のことわざはかなり異形が多いのが特徴である。甚だしい場合には、同じことわざがことわざ辞典ごとに異なる表現で載せられている場合もある。また、形式の固定化には日本のことわざが口調や簡潔性を好むことも関係しているかもしれない。これも韓国のことわざには希薄な特徴である。

韓国語ことわざ索引

가는 날이 장날이다 52
가는 말이 고와야 오는 말이 곱다 3
가재는 게 편이다 4
가지 많은 나무에 바람 잘 날 없다 6
같은 값이면 다홍치마 111
개같이 벌어서 정승같이 산다 23
개구리 올챙이 적 생각 못한다 22
개똥도 약에 쓰려면 없다 105
개밥에 도토리 88
개천에서 용 난다 79
걱정도 팔자 73
고래 싸움에 새우 등 터진다 13
고슴도치도 제 새끼는 함함하다고 한다 8
공든 탑이 무너지랴 43
굿이나 보고 떡이나 먹지 31
그림의 떡 82
금강산도 식후경 97
길고 짧은 건 재어 보아야 안다 33
까마귀 날자 배 떨어진다 55
꼬리가 길면 밟힌다 54
꿩 대신 닭 103
꿩 먹고 알 먹기 104
남의 잔치에 감 놓아라 배 놓아라 한다 62
낫 놓고 기역자도 모른다 35
낮말은 새가 듣고 밤말은 쥐가 듣는다 2
내 코가 석자 39
누워서 떡 먹기 80
누이 좋고 매부 좋다 37
닭 잡아 먹고 오리발 내민다 27
닭 쫓던 개 지붕 쳐다본다 56
되로 주고 말로 받는다 64
둘이 먹다가 하나가 죽어도 모르겠다 96

때리는 시어머니보다 말리는 시누이가 더 밉다 5
떡 본 김에 제사 지낸다 30
먹을 때는 개도 안 건드린다 98
모르는 게 약 108
목구멍이 포도청 100
못 먹는 감 찔러나 본다 63
무소식이 희소식 74
미꾸라지 한 마리가 강물을 다 흐린다 14
믿는 도끼에 발등 찍힌다 15
밑져야 본전 91
바늘 가는 데 실 간다 17
바늘 도둑이 소 도둑 된다 72
배보다 배꼽이 더 크다 89
백지장도 맞들면 낫다 18
뱁새가 황새를 따라가면 다리가 찢어진다 26
번갯불에 콩 볶아 먹는다 75
벼룩도 낯짝이 있다 71
보기 좋은 떡이 먹기도 좋다 83
부부싸움은 칼로 물 베기 12
불난 집에 부채질한다 65
빈 수레가 요란하다 60
빛 좋은 개살구 84
사촌이 땅을 사면 배가 아프다 53
산 사람 입에 거미줄 치랴 99
서당개 삼 년에 풍월을 읊는다 24
서울 가서 김서방 찾기 110
소 귀에 경 읽기 107
소 잃고 외양간 고친다 29
소문난 잔치에 먹을 것 없다 86
손뼉도 마주쳐야 소리가 난다 19
수박 겉 핥기 87
수염이 석 자라도 먹어야 양반 101

— 113 —

시작이 반이다　45

시장이 반찬　102

식은 죽 먹기　81

싼 게 비지떡　85

아닌 밤중에 홍두깨　92

약방에 감초　106

얌전한 고양이 부뚜막에 먼저 올라간다　61

열 길 물 속은 알아도 한 길 사람 속은 모른다　70

열 번 찍어 안 넘어가는 나무 없다　44

열 손가락 깨물어 안 아픈 손가락 없다　7

옷이 날개　93

우물에 가서 숭늉 찾는다　109

우물을 파도 한 우물을 파라　42

울며 겨자 먹기　57

웃는 얼굴에 침 뱉으랴　16

원수는 외나무 다리에서 만난다　66

윗물이 맑아야 아랫물이 맑다　9

자라 보고 놀란 가슴 솥뚜껑 보고 놀란다　28

작은 고추가 더 맵다　78

젊어서 고생은 사서도 한다　48

제 눈에 안경　38

중이 제 머리 못 깎는다　32

쥐구멍에도 별 들 날이 있다　46

지렁이도 밟으면 꿈틀거린다　67

집에서 새는 바가지가 들에 가도 샌다　69

첫 술에 배 부르랴　49

콩 심은 데 콩 나고 팥 심은 데 팥 난다　68

티끌 모아 태산　51

팔이 안으로 굽는다　11

하나를 보면 열을 안다　36

하늘이 무너져도 솟아날 구멍이 있다　50

하룻강아지 범 무서운 줄 모른다　25

형만한 아우 없다　10

호랑이도 제 말하면 온다　90

호랑이에게 물려가도 정신만 차리면 산다　47

혹 떼러 갔다 혹 붙여 온다　34

日本語訳ことわざ索引

【あ】

兄ほどの弟はない　10

家で漏れるバガジは野へ行っても漏れる　69

生きている人の口にクモの巣が張ろうか　99

往く言葉が美しくてこそ還る言葉が美しい　3

一を見れば十を知る　36

一升枡で与えて一斗枡で受ける　64

行った日が市日だ　52

いとこが土地を買えば腹が痛い　53

井戸に行ってお焦げ湯を求める　109

井戸を掘るなら一つの井戸を掘れ　42

稲光で豆を煎って食う　75

犬の糞も薬にしようとするとない　105

犬のご飯にドングリ　88

犬のように稼いで宰相のように暮らす　23

衣服が翼　93

妹（姉）にもよく妹（姉）の夫にもよい　37

色のよいケサルグ　84

上の水が清くてこそ下の水が澄む　9

牛の耳に経読み　107

牛を失くして牛の小屋を直す　29

腕は内側に曲がる　11

生まれたての子犬は虎の怖さを知らず　25

枝の多い木に風のやむ日はない　6

絵の餅　82

おとなしい猫がかまどに先に上がる　61

同じ値段なら紅いチマ　111

【か】

蛙がオタマジャクシの頃を思い出せない　22

鎌を置いてハングルの「キヨク」の字もわからない　35

カラスが飛び立つつや梨が落ちる　55

空の車がもっとうるさい　60

雉の代わりに鶏　103

雉も食い卵も食う　104

仇敵は一本橋の上で出会う　66

鯨の喧嘩で小エビの殻が裂ける　13

薬屋に甘草　106

クッでも見て振る舞い餅でも食べる　31

金剛山（クムガンサン）も食後の景色　97

功積みし塔が崩れようか　43

こぶを取りに行って、こぶを付けて帰る　34

【さ】

冷めたお粥を食べる　81

ザリガニはカニの味方　4

十指のどの指を噛んでも痛くない指はない　7

十尋の水の底はわかっても一尋の人の胸の底はわからない　70

十遍伐って倒れない木はない　44

尻尾が長ければ踏まれる　54

自分の漬が三尺　39

自分の目に合う眼鏡　38

書堂の犬三年にして風月を詠む　24

知らないのが薬　108

白紙（しらかみ）一枚でもいっしょに持ちあげれば楽だ　18

信じる斧に足の甲を切られる　15

心配性も定め　73

スイカの皮なめ　87

スッポンを見て驚いた者が釜の蓋を見て驚く　28

ソウルに行って金さんを探す　110

— 115 —

損しても元金　91

【た】

大豆を植えたところに大豆が生え、小豆を植えたところに小豆が生える　68

叩く姑よりもやめさせる小姑がもっと憎い　5

食べられない柿を刺してみる　63

食べるときは犬でも触らない　98

小さい唐辛子がもっと辛い　78

長短は測ってみないとわからない　33

塵集めて泰山　51

手も合わせてこそ音がする　19

天が崩れても這い出る穴はある　50

ドジョウ一匹が川の水をみな濁す　14

どぶから龍が出る　79

虎に咥えられても気を確かに持っていれば生きられる　47

虎の話をすれば虎がやってくる　90

【な】

泣きながらカラシを食べる　57

鶏を追いかけた犬が屋根ばかり見上げる　56

鶏をつぶして食べてアヒルの足を出す　27

ネズミの穴にも陽の差す日がある　46

寝そべって餅食い　80

喉が捕盗庁　100

蚤にも面子がある　71

【は】

始めが半分だ　45

初めの一匙で腹が膨れようか　49

腹よりへそのほうが大きい　89

針泥棒が牛泥棒になる　72

ハリネズミも、わが子は毛が柔らかくてつやつやしているという　8

針の行くところ糸が行く　17

髭が三尺でも食べてこそ両班　101

人の祝宴に柿を載せろ梨を載せろという　62

火の出た家を団扇で扇ぐ　65

ひもじさがおかず　102

評判の宴会に食べるべきものがない　86

昼の話は鳥が聞き、夜の話はねずみが聞く　2

夫婦喧嘩は刀で水を切るようなもの　12

二人で食べていて一人が死んでも分からない　96

ペプセがコウノトリについて行けば脚が裂ける　26

坊主が自分の頭を剃れない　32

【ま】

真夜中に綾巻の棒　92

見かけのよい餅は食べてもおいしい　83

ミミズも踏めばのたくる　67

無消息が嬉しい消息　74

餅を見たついでに法事をする　30

【や】

安いのがおからの餅　85

【わ】

若いときの苦労は買ってでもする　48

笑う顔に唾を吐くか　16

— 116 —

参考文献

若松実編『韓国ことわざ選』高麗書林、1975

若松實編『対照訳注韓・日ことわざ辞典』高麗書林、1985

孔泰瑢編『韓国の故事ことわざ辞典』角川書店、1987

北村孝一監修『故事俗信ことわざ大辞典 第二版』小学館、2012

송재선編『우리말 속담 큰사전』서문당、1993

정종진編『한국의 속담용례사전』태학사、1993

金道煥編『한국속담활용사전』한울、1995

서정수編『세계속담대사전』한양대학교출판부、1998

원영섭編『우리 속담사전』세창출판사、1999

박영원・양재찬共編『한국속담・성어 백과사전』푸른사상、2002

이기문・조남호共編『속담사전 제3판』일조각、2014

　韓国語や韓国文化についてさらに知りたい人には、次のようなものが参考になるでしょう。

渡辺吉鎔・鈴木孝夫『朝鮮語のすすめ 日本語からの視点』講談社現代新書、1981

　日本と韓国の文化の違いを通して、韓国語の面白さを述べたもの

渡辺吉鎔『韓国言語風景－揺らぐ文化・変わる社会－』岩波新書、1996

　韓国のことわざや流行語、詩、敬語など言葉を手掛かりに韓国語と日本語を比較しながら述べたもの

大野敏明『日本語と韓国語』文藝春秋、2002

　様々な観点から日本語と韓国語を比較したもの

任栄哲・井出里咲子『箸とチョッカラク』大修館書店、2004

　日本人と韓国人がコミュニケーションを行う上で誤解を招く原因について言語外の要素に着目して述べたもの

齊藤明美『ことばと文化の日韓比較』世界思想社、2005

　長年韓国で日本語を教えている筆者が韓国で体験したことに基づきながら、社会言語学的観点から日本と韓国のことばと文化の違いを述べ

たもの

閔丙哲『100のクイズで楽しく知る日本と韓国文化の違い』南雲堂フェニックス、2005

　クイズ形式で韓国文化を紹介したもの

■著者紹介■

鄭 芝淑（チョン・ジスク）

鹿児島大学教育センター准教授（韓国語）。韓国出身。日本と韓国のことわざ対
照研究を通じて「比較ことわざ学」を模索している。

※本シリーズの訳文に一部差別的と誤解される恐れのある語がありますが、著者および出版社は
　差別を容認する意図はございません。

ミニマムで学ぶ 韓国語のことわざ
2017 年 2 月 25 日　第 1 版第 1 刷　発行

著　者	鄭　芝淑
監修者	北村　孝一
発行者	椛沢　英二
発行所	株式会社クレス出版

東京都中央区日本橋小伝馬町 14-5
TEL 03-3808-1821　FAX 03-3808-1822

組　版	松本印刷株式会社
印刷所	互恵印刷株式会社

ISBN978-4-87733-952-4　C3039　¥1800E
落丁・乱丁本は交換いたします。　　　©2017　Jisuk JEONG